滝を釣れ

つり人社書籍編集部　編

つり人社

本書に記載のある主な河川・滝・エリアMAP

CONTENTS 滝を釣れ

滝を釣れⅠ

THE 滝壺攻略

遡行技術・危険回避

滝を釣れⅡ

BOOKデザイン　佐藤安弘（イグアナ・グラフィックデザイン）
イラスト　石井正弥

滝を釣れⅠ

遡上と遡行を止める場所で
渓魚と人が出会う。
そこでドラマが生まれるのは、
必然なのかもしれない。
そもそも古来、
滝は人にとって特別な存在だった。
さまざまな思いのこもった
滝をめぐる6話から、
本書は始まる。

滝を釣るということ

文・写真　高桑信一

笠堀ダムの湖岸道を歩き、森の小道をたどって光来出川のほとりに下りると急激に汗が引いた。未明から周囲を覆っていた霧はきれいに拭われて、夏の光が降っていた。

重いザックを下ろしてひと休みするが、とくに何をするわけでもない。フェルト底の渓流靴が登場する以前は、流れのかたわらで地下足袋に履き替え、水に浸したワラジを石で叩いてから履いたものだ。そのほうがワラジの耐久性が増すと教えられたからだが、ことさら信じたわけではない。それは気持ちを切り替えて、これから渓に分け入るという祈りにも似た、欠かせない儀式であった。いまではハーネスとわずかな登攀具を身につけるのがせいぜいだが、それでも気持ちの切り替えにはなった。

流れの水が紺碧に澄みわたり、その奥に潜むイワナの存在を思わせるが、まだサオをだすわけにはいかなかった。ベース地に予定している支流までは泳ぎこそないものの、腰までの徒渉や手足を

森の木は枝を広げ、安らぎの木漏れ日と影をつくりだす

渓の華は障害物でもある。源流の釣りは滝との戦いだ

駆使するヘツリが連続して、とても釣りを楽しむ余裕などなかったのだ。

やがてシリヒキ沢と呼ばれる支流に着いて、広い河原に荷を下ろす。光来出川を知って以来の、いつに変わらぬ定宿で、ここを根城にして流域の本支流をくまなく探ったのである。

タープを張って薪を集めてから、晩飯のおかずを求めて上流に向かう。めざすはヤケッパタの淵だ。ベースから600mほど遡ると渓は直角に左折して、そこに直進方向から崩嵓沢が流入する。その出合の釜がヤケッパタの淵である。だれが名付けたのか、名前の意味さえ知らないが、私が初めて訪れた遠い時代から、すでにこの釜は、そう呼ばれていた。

周囲の岩の影響だろうか、黒く淀んだ釜の水面がわずかに波立って、釜の向こうに落ちる5mばかりの滝の鼓動を伝えていた。その水の黒さと波紋に紛れるのか、ついぞ魚影は見ないのだが、サオを入れると待っていたかのように8寸ほどのイワナがサオ先を絞るのである。

立て続けに5、6尾。それがいつもの釣果で、その後は熱狂が去ったようにピタリと釣れなくなって静まり返る。

朝、通りすがりにサオをだし、上流を探った帰りしなにサオをだしても、型の揃ったイワナが決まったように5、6尾釣れた。たとえ本流上部が貧果に終わっても、この淵さえあれば、その日の食い扶持に困ることはなかった。だから、この得難い淵を「釣り堀」と呼んだのだ。

この淵で小僧も大イワナも釣ったことはないが、型の揃った食べごろのイワナなら、それこそ無尽蔵に棲息していた。滝の上ではイワナを見ていないから、ここが崩嵓沢の魚止であることは間違いない。

本流のすぐ上には、ここより大きな釜があるのだが、そこでは釣れたためしがなかった。左右どちらからでも、ぎりぎりのヘツリで通過できるが、その姿がイワナに丸見えなのだから釣れるはずもないのである。

それに引きかえヤケッパタの淵が文句なく釣れたのは、本流と淵の間が欠けた茶碗のような小さな岩棚に遮られていて、イワナに気づかれずにサオをだせたからかもしれない。しかし、あれほど定期的に、しかも型の揃ったイワナが無尽蔵に釣れたのは、やはりヤケッパタの淵の謎であり、滝つぼの怪としか言いようがない。

光来出川の本流は花崗岩のゴルジュと清流が小気味よく続き、やがて10mの滝でイワナは尽きる。そこまでを日帰りで釣るか、あるいは荷物を担いで粟ヶ岳を越えるのが私たちの遊び方であった。

左右に点在する支流は滝が魚止になるが、流れの大小にかかわらず、いずれの滝つぼにも大きなイワナが潜んでいるのは、その滝より上流のエサを独占しているからだ。

源流の釣り人が、イワナの遡上がかなわない大滝の滝つぼに憧れるのは、そこに潜んでいるであろう大イワナを釣りたいがためだが、しかし、滝の上にもイワナが潜む渓がある。

光来出川と流れを二分する大川上流の西ノ沢を下ったとき、滝場が一瞬途切れてイワナが走った。そこで休憩して緊張を解いたのは、イワナが走ったからには滝場を下り終えたと信じたからだ。それが沢を下降する際の、難場の範囲を判断する目安だった。

しかし、ふたたび歩きはじめた私たちの前に、それまでにも増して険しい滝場が姿をあらわした。それからの標高差１５０ｍにおよぶ滝の連続を、ザイルを用いた懸垂下降を駆使して下ったのだが、それぞれの滝つぼに、上流から流れ落ちたイワナが潜んでいることに思いを馳せて唖然とした。連瀑の釜のひとつひとつが、そのままイワナの宝庫であった。

イワナは、氷河期の終焉に伴う気候の温暖化で、河川の上流に陸封されたサケ科の魚だが、さすがに滝場の上に置き去りにされたまま生き延びたとは考えにくい。ならばかの地のイワナは、人為の所産によって滝の上まで運ばれたと考えるほかはない。

各地に遺された「魚止の滝」の呼称は、堰堤やダムによって流れが遮断される以前、海に下りたヤマメが本マスと呼ばれるサクラマスになって遡上した限界地点のことで、すでにそれより上流の険しい流域に棲息していたイワナの魚止滝とは画然とした差異がある。

通常の概念を越えて、遡上の不可能な落差の滝上にイワナが棲んでいるのは、ひと頃流行った源頭放流の産物か、あるいは動物性たんぱく質の確保を求めて下流から移殖した山棲みの人々の所業と思っていい。

それが源頭放流なら登山道の存在が欠かせない。例をあげれば、飯豊連峰の足ノ松沢や二王子岳の七滝沢がそうで、とても近づけそうにない豪瀑の釜に、どれほどの大イワナが潜むかと思うだに心が弾む。

あるいは、ゼンマイ採りの小屋掛けの親父たちが仕事の片手間に、サオを片手に下流のイワナを

その岩肌に滝の息吹を感じながら釜をヘツリで越えていく

イワナの滝にまつわる謎は尽きない

開けた流れにサオ
を振るのも楽しい

釣って背負いあげたのだとしたら、その仕事道の痕跡を探れば滝上のイワナの説明は付く。

早出川本流割岩沢夕沢広河原の踵ほどの浅瀬を、背ビレを見せて逃げ惑った尺イワナの群れや、五十嵐川源流ヒグラ沢の、50m滝を越えた静寂な流れにひっそりと棲息するイワナたちは、どのように考えても山棲みの人たちの仕業であった。

しかし、大川西ノ沢のイワナにかぎっては、ついに放流の根拠を見出せなかった。登山道のある光明山からははるかに遠く、戦後まで存在した砥沢の砥石切りたちが、わざわざ山を越えた西ノ沢の源頭までイワナを持ちあげたとも思えない。まさか大川に小屋掛けしたゼンマイ採りの戯れの行為かとも考えてみたが、目前の流れにイワナが犇《ひし》めいているのに、労多くして益のまったくない放流の必然性など、どこにもないのである。

かくして下田山塊の奥深く、連瀑に囲まれた道なき源流の小さな流れに、人間の存在も知らぬまま、未来永劫にわたって平和な営みを重ねるであろうイワナが、おそらくいまも遺されている。それは私がたまたま遭遇した、謎多きイワナの滝にまつわる証言のひとつにすぎないが、やがてはその証言さえ幻のように消え失せて、山は何事もなかったかのように水を落とし続ける。

※

古来、滝は神の領域で、神霊の棲み処であった。滝は人々にとって人智を超えた存在だったのだ。

滝を釣れ I

何の変哲もない流動体としての水が空中に解き放たれた瞬間、荒ぶる魂となって炸裂し、放射され、莫大なエネルギーを抱えたまま、滝つぼめがけて殺到する。その問答無用の魂の示威のごとき姿に、人々は畏怖を覚えて祈りを捧げてきた。

けれど、それは水の意志ではない。水は単に地形に従っているだけだ。だから時に滝は龍になって天翔ける象徴となり、時に白糸の滝と呼ばれて、魂の浄化を導いたのだ。

すべては地形の成せる業だが、人々はそうは思わない。従たる水が、主たる地形をねじ伏せて、意志あるものの如く滝を現出させている。一顧だにされない地形こそいい面の皮だが、それほど滝のもたらす示威は凄まじい。

滝の持つ、いまひとつの暗示は、尽きせぬ水の存在にある。旱魃に苦しめられるときでさえ、あるいはすべてを忘れて眠るさなかであれ、一瞬の遅滞もなく水を落し続ける滝の存在は、とても現世のものとは思えず、神の遣わした救済の対象として、人々は諸々と縋《すが》ったのである。それが「雨乞い」の儀式であった。

鈴鹿山地の雨乞岳には、山頂のかたわらに「大峠の沢」という池がある。滝ではなく山上の池だが、旱魃でも枯れないことから雨乞いの対象になってきた。

雨乞いの方法は、祈りではなく池の神を怒らせることだった。怒りが雨を呼ぶと信じられたのだ。雨乞いにきた山麓の人々は、池に金物を投げ入れ、ときに人糞などの汚物をまき散らしたという。それから里の田んぼまで全速力で逃げ帰る。途中で止まってはならない。止まった場所に雨が降る

からだ。

早出川の広倉沢には「おひろ淵」がある。早出本流から30分ほど遡った底知れぬ淵だが、そこに金物を投げこむと、その金物が流れ出すまでは雨が止まないという言い伝えがあるのだと、地元の老人が教えてくれた。

おひろ淵の由来は、麓の川内村の「おひろ」という娘が、求愛された相手を嫌い、早出川に身を投げたら蛇に化身して潜った淵からくるが、そんな伝説が生まれても不思議ではないと思わされるほど不気味な淵だ。周囲は花崗岩だから清冽でいいはずだが、おそらくあまりに深すぎて、光の届かない闇が水面をも支配しているような水の色だった。

秋田県堀内沢・マンダノ沢の蛇体淵とその滝。
神霊の棲み処に相応しい雰囲気を湛えている

その淵に投じた私のサオに、晦冥《かいめい》のごとき水底から浮上した大イワナがかかったことがある。当時の仕掛けは、2号通しの1ヒロの長さのイトだったから切られる怖れはないが、むしろ仕掛けが短い分、サオのほうが心配だった。

その大イワナに、同じような型のイワナが寄り添ってきたのには驚かされた。あれはペアですかね、と見ていた仲間が言うのだが、しかしイワナの習性を思えば、それはあり得なかった。もしもペアなら、哀れに思って流れに還してやるのも選択肢だが、秋とはいえどペアリングにはまだ早く、ましてイワナに、そこまでの夫婦愛があるとは思えない。おそらく不可思議な動きをするイワナに興味をおぼえて追ったにすぎないはずだ。

ちなみにそのイワナは、私の生涯レコードの45㎝で、飢えた仲間たちを制しきれずに食べてしまったのだが、大味であまり美味くはなかった。やはり食べごろは9寸前後、というのが、おひろ淵での教訓である。

鈴鹿の大峠の沢も、早出川のおひろ淵も、金物を投げ入れるという共通項があるが、それは近くに遍在した鉱山と関係があるように思える。山中深い雨乞いの地までは鉱山道を使うのが便利だったし、その鉱山で金物を調達すれば、一石二鳥だったに違いない。あるいは鉱山も水神を必要としたのだろうか。

鉱山とはおそらく無縁だが、白神の滝川にある「アイコガの滝」は、そこでイワナを釣ると、必ず雨が降るという伝説があった。

滝を釣れⅠ

私がアイコガの滝でサオをだしたのは、まだ白神山地が禁漁になる以前だったが、ラインを投じたその瞬間、毛バリを咥えたイワナが巨大な体躯を空中に躍らせ、あっという間に水中に没して姿を消した。毛バリはものの見事に引きちぎられ、私は「へたくそ」と罵る仲間に向かって、雨にならなくて良かったろうが、と悔し紛れに吠えた。

※

森を歩いていて爽やかさをおぼえるのは、樹木が発散する芳香作用のあるフィトンチッドとマイナスイオンによるのだという。また森の子どもというべき水がもたらす滝には、とくにマイナスイオンが多いらしい。

物質の小さな単位である原子は、原子核を中心にして周囲を電子がまわっている。原子核がプラスで、マイナスの電子と調和がとれているが、原子が衝撃を受けると電子が飛び出して、べつの原子と結合する。電子を失った原子がプラスイオンで、電子の増えた原子がマイナスイオンだ。すなわち、水という分子が滝によって破壊され、マイナスイオンを多量に発生させるメカニズムである。

プラスイオンが老化を早める酸化物質であるのに対し、マイナスイオンに爽快さがあるのは、腐敗を遅らせ、老化や病気を防ぐ還元作用によるものだ。マイナスイオンを生む滝がもてはやされる理由がここにある。

マイナスイオンなど知る由もなかったむかしの人々が、畏敬とともに滝に接したのは、その爽快さに魅せられたためでもあるはずだ。

滝に棲む神の正体は、フィトンチッドとマイナスイオンだというのが現代人の私の認識だが、みずから好んで森を離れ、都会に引きこもった現代人が、森の緑と水の清冽を求めて滝に向かうのは、大いなる皮肉であり、矛盾というべきだろう。

滝は渓の華だが障害物でもある。サオをだしながら頂をめざすのが私たちの釣りで、滝つぼでサオを振りながらも、常にどこを越えて滝上に抜けられるかを観察する。源流の釣りは、滝との戦いでもあった。

遡行は水の誕生を追い求める旅である。そこには無数の滝があった。源流の一滴に至る行為は、魚止の滝を確認することでもある。

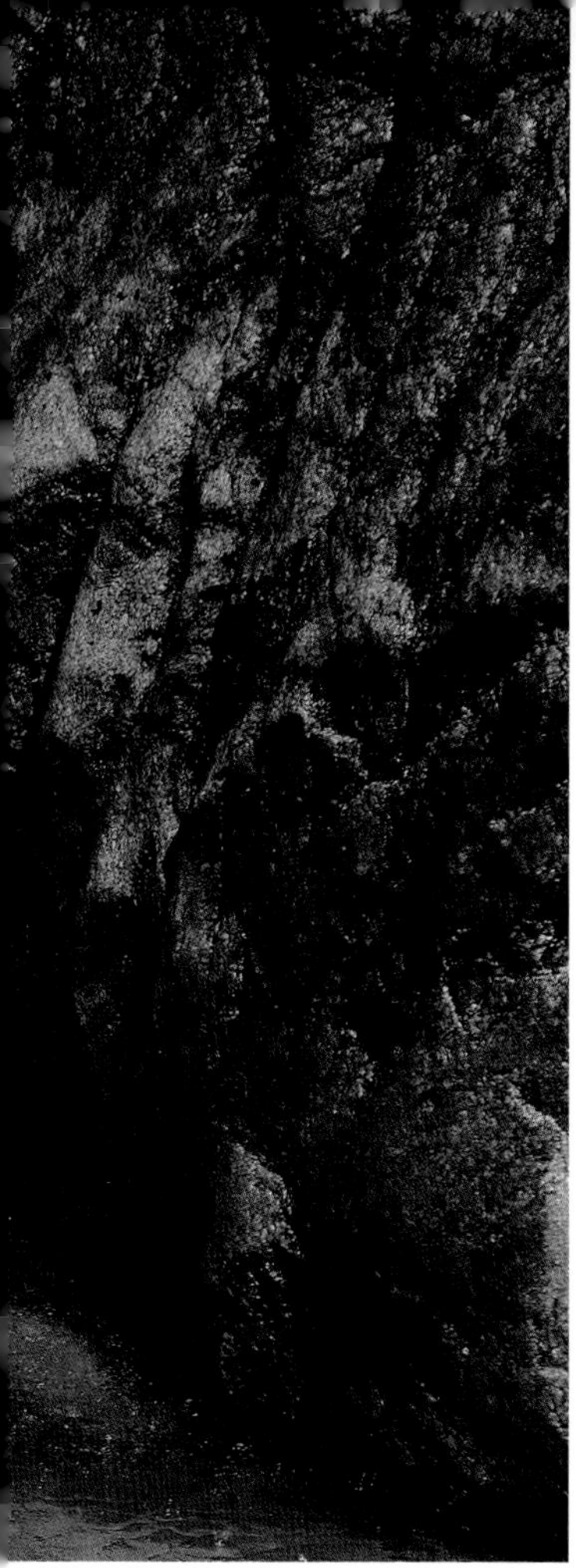

厳密にいえば、釣るのは滝そのものではなく滝つぼだ。落差がさほどなくても、はるかな歳月を注いで刻みこんだ、とてつもない滝つぼに潜むイワナがいる。

そのイワナたちが、流れの

はるかな歳月を注いで刻みこんだその滝つぼには何が潜む？

ひらきで遊び、瀬で戯れるイワナと同じはずがない。滝つぼには老化を防ぎ、若返らせ、細胞を活性化させるマイナスイオンが満ちているではないか。

けれどマイナスイオンとはあえて言わず、滝の霊気を存分に浴びた巨大なイワナが潜む淵。その淵の奥深く、ひっそりと、人目にも触れず、まるで「呑舟の魚」を思わせる巨体を横たえたやつがいるという幻想を拭い去ることができない。

滝を釣るというのは、つまりはそういうことなのだ。

滝壺の大ものねらいが上の淵の尺アマゴに化けた日

文・千島克也　写真・丸山　剛

滝に夢を描く渓流釣りファンは多いと思う。滝には滝壺がある。それは時に底が見えないほどの深さを伴い、「滝の主」と呼ばれる大型の渓魚が潜んでいる……。小学生の頃、私は『釣りキチ三平』に夢中だった。毎日このマンガを読んでは、未だ見ぬ大型の渓魚に夢を膨らませていた。

私が生まれ育った家の近くには浦山川という川が流れ、その支流に橋立川がある。

橋立川は小さな渓流だが、当時はヤマメがたくさんいた。川沿いの林道から上流を目差すと、武甲山の登山道へと変わり、その辺りからはイワナが生息する。登山道を少し登ると落差10mほどの滝に出る。この滝壺で大きなイワナを掛けたことがある。残雪の残る3月中旬で、イワナは恐らく40㎝はあった。しかし、子どもの私が手にしていたのはグラスファイバー製の無名ザオで、まだやり取りも知らず強引に立てたサオは真っ二つになり、イワナはバラしてしまった。

これを機に私は滝壺での釣りと、大型の渓魚に大きな夢を抱くようになる。

滝を釣れⅠ

高校生になると、原付バイクの運転免許を取得して行動範囲が広がるのだが、またしても夢を見つけた。秩父市を流れる大血川支流・東谷にある滝壺に「でっかいイワナがいる」と、川で出会ったおじさんが教えてくれたのだ。それは60㎝もある大もので、「掛かってもあげられねーぞ！」と熱く語られた。私は幾度となくその滝に通ってみたが、それらしき大イワナが姿を見せることはなかった。

さらに月日は流れ、社会人となり自動車運転免許を取得してからの私は、長野方面へ毎週のように通った。主な行き先は千曲川とその支流。なかでも支流の相木川水系の魚影はピカイチで、大型のヤマメやイワナが釣れる魅力あふれる渓流だ。

相木川は、千曲川合流点から5㎞ほど上流で南相木川と北相木川に分かれる。どちらもフラットな流れの里川といった感じである。相木川を釣る場合は7ｍの本流ザオが扱いやすい水量であり、上流の2河川は5・3ｍクラスの渓流ザオで充分な水量だ。相木川は瀬を中心にナチュラルドリフトでねらうと、水深30㎝程度の流れからヤマメやアマゴがバンバン釣れる。この川に来るたび50尾以上の釣果が出るのだが、これを何年か続けていると、さすがに大ものをねらいたい気持ちが強くなってくる。

相木川水系には数多くの滝がある。滝壺は深く大きなものが多い。私はその滝壺で、サオを振ることが増えた。相木川本流の千ヶ滝をはじめ、北相木川や南相木川には名の付く滝が10以上ある。この滝壺で思いもよらぬ大ものと出会ったのは、今から20年も前だ。

5月のゴールデンウイーク、北相木川にある箱瀬の滝（現在、滝側面の崖崩落により立ち入り禁止）でサオをだしていた時のこと。クロカワ虫をエサに、白泡目がけ仕掛けを投入。大きなオモリで水深3mくらいある底にしっかりと沈め、アタリを待つ。20㎝前後を数尾釣りあげた後、とてつもなく大きなイワナが食らいついてきた。7mの本流ザオは弓なりで強い引きに耐えた。黒い影が時折見え隠れするのだが、想像を絶するサイズだ。

底にへばりついたり白泡の方向へ動いたり、「ハリをくわえているのに気付いていないのでは？」と思うほど相手は悠然と泳いでいる。こんな感じで30分くらいやり取りをした挙句、底にへばりついたまま動かなくなった。私は刺激を与えるために、イワナがへばりついていると思われる場所に石を投げた。すると突然イワナは滝壺から下流へ走り出した。必死でイワナについていったが、岸際のアシの根に入り込まれてラインブレイク。切れたイトのように私の気持ちもプツンと切れたまま、茫然と流れを見つめた。イワナは、目測だが60㎝はあったはずである。

数週間後、南相木川の「おみかの滝」でサオをだし、今度は48㎝のイワナを釣りあげることができた。

大きな魚の満足感を求めて、私は次第に渓流から本流へ行く回数が増えていった。そして本流釣りにどっぷりハマった。地元の荒川をはじめ、千曲川や魚野川等、各地の本流河川へ釣行した。毎週遠征で、4年で10万㎞（渓流シーズンのみ）も走行した年もあった。

戻りヤマメなどの超大型の虜になり、本流の大ものを追う日々が続いた。大きな川で9m前後の

遊歩道から「おみかの滝」を望む。久しぶりの釣行に胸が高鳴る

コウモリがぶら下がっていた遊歩道のトンネルと引きつった笑顔の私

サオを振り回し、魚が掛かればサオをため、糸鳴りがするほどのやり取りは最高である。

しかし、時には渓流のネイティブな大ものにも出会いたくなる。

※

48㎝のイワナを釣りあげてから18年ほど経った２０１４年の夏、久しぶりに南相木川の滝壺をメインに渓流の良型アマゴが釣りたくなり、車を走らせた。私は現在、埼玉県本庄市に住んでいる。国道４６２号で神流湖沿いを走り、上野村に入り国道２９９、県道１２４号と走り継いで、ぶどう峠を越えると長野県に入る。文章にすると近く感じるが、なかなかこの道中が真っ暗で少々不気味である（夜道は正直苦手）。ぶどう峠を下り、北相木川沿いを下り川又地区まで来ると南相木川との合流点。そこから南相木川を上流に走ると「おみかの滝」がある。

南相木村のＨＰによると（南相木村の昔話）、おみかの滝にはこんな伝説がある。昔むかし、和田のある家に「おみか」という気だてのやさしい美しい娘が嫁いできた。ところが姑は、おみかが嫁入りで持参した着物が欲しくなり、彼女がうとましくなる。そしてついに、欲に目がくらんだ姑はおみかを滝の不動様を拝みに連れていき、「あそこに不動様が」と言って滝つぼをのぞかせ、つき落としてしまう。

その帰り、姑は途中で寄った家で奇妙な光景を目にする。煮えたつ鉄瓶から、ドジョウがするす

滝を釣れⅠ

ると自在鉤を登り始めたのだ。「おみかのたたりだ！」と悟った姑は滝の近くにほこらを建て、おみかの霊を祀った。それ以来この滝を「おみかの滝」と呼ぶようになったという……。

おみかの滝にはこのようにせつない伝説があり、現在は観光地になっている。

滝の真上には駐車場と遊歩道がある。そこから行くのが最短距離だが、滝の前後にもよいポイントがあるので、私は滝上の集落から遊歩道に至るルートで滝を目差した。流れを見ながら下っていくと、滝のすぐ近くで岩を掘ったトンネルが現われる。コウモリが数匹ぶら下がっていて、背筋がぞーっとする。そそくさとトンネルをくぐり抜け、小さな橋を渡ると川に降りられる。

おみかの滝は、「上ん渕」「中ん渕」「下ん渕」と3つの滝壺を合わせて、漢字にすると「御三甕の滝」と書くそうだ。まずは下ん渕からサオをだすことにした。タックルはサオがダイワ「EPテクニカルチューン中継61」。イトはダイワ「タフロン速攻XP」0・4号の通し仕掛け。ハリはがまかつ「マス」6号。エサは天然シマミミズをチョン掛けにする。

第1投、白泡の切れ目付近から下流を流す。滝壺は水深2mほどで底石がけっこう入っている。底石付近まで流すとググン！ と目印が引き込まれた。合わせるとなかなかの引きであるがタモに一気に引き抜いた。体長24㎝ほどのアマゴである。そして同じ流れから同サイズが立て続けにヒット。10尾ほど釣れたところでアタリがなくなった。

次に滝の落ち込みをねらう。ガン玉2Bを4Bに付け替え、底まで一気に仕掛けを送る。しばらく待つと、コツコツッとイワナ特有のアタリがきた。少し待って合わせると、ハリ掛かりしたもの

中ん渕は立ち位置も探れる流れの筋も限られていた

なぜか中型アマゴが入れ食いに

昔の釣果。このクラスがサオを満月にしてくれるはずだったのだが
（写真：千島克也）

右手に見える枯れ木を利用して滝壺の縁に降り立ち、おみかの滝を釣る。雰囲気は満点なのだが……

の20㎝ほどのイワナであった。

ポイントに見切りをつけ、次に目差すは中ん渕「おみかの滝」だ。落差16ｍのおみかの滝は、釜状の滝壺を持つ。滝壺は左右を岩壁に囲まれ、下ん渕への落ち込み部分の縁にしか立ち位置はない。下ん渕左岸側の岩場を登り、中ん渕を目差す。昔はなんとも思わなかった場所が下を見た瞬間、恐怖に変わった。

「こんなところによく降りられたな」と当時を思い出す。どうにもビビってしまい、降りることが出来ない。そこで近くにあった直径15㎝、長さ10ｍほどの折れた木を下ろし、それを利用してなんとか降りることに成功した。18年ぶりに来たが、16ｍの落差は迫力がある。

滝壺は底が全く見えず、見た目では水深が分からない。右岸側に流心があるが、流れが強すぎて仕掛けが入らないので左岸側をねらう。左岸側は岩がえぐれているので、その付近を釣るように仕掛けを流す。目印を4ｍくらいの位置にセットして仕掛けを流すと、オモリが軽すぎて底まで入らない。4Bに3Bを追加すると、今度はしっかり底に仕掛けが入る。そしてすぐさまアタリ。20㎝ほどのきれいなアマゴである。この後、次々とアマゴが掛かる。どれも20～24㎝とまずまずのサイズである。

2時間近くサオをだし、大ものの手ごたえはなかったが、釣りあげたアマゴの数は20数尾と入れ食い。しかし、私はこの滝に大ものをねらいにやってきたのだ。釣れども釣れども同サイズ……もっと大きなイワナかアマゴが釣れるはずなのだが。

思っていたのとは違う釣果に、私はとうとう滝壺に見切りをつけた。そして、上ん渕の一段上にある淵でサオをだすことに決めて川を一度下ることにした。

左岸の崖を登ろうとしたのだが、足がどこにもかからない。やばい、上がれない！　本気で困りかけた時、右岸になんとトラロープが!?　しかも比較的上がりやすそうな岩質。行きとは違って簡単に上がることができて一安心である。

目的の淵は、川底は岩盤だが深くてエグレもある。頭上の枝に仕掛けを引っかけないように、下流側から仕掛けを流れ込み目差して振り込んだ。仕掛けが馴染むと、すぐさま鋭くガツガツ！　とアタリが来る。イト切れしないように適度に合わせると、水中でギラギラと輝く魚の姿が見えた。ローリングのような動きをするのですぐにアマゴと分かる。かなり強烈な引きでテクニカルチューンが弓なりである。頭上の枝に注意しながら数分やり取りした後、なんとかタモに入れることができた。渓流育ちのたくましい顔つきで、夏なのにでっぷりとした体高の尺アマゴであった。

2ヵ所の滝壺はいかにも大ものがいそうな雰囲気だったのに。しかし、実は見かけによらずのポイントで思わぬ大ものに私は興奮した。

高揚感が収まらないうちに再度仕掛けを投入。すると、先ほどの尺アマゴの再現なのか？　同じ場所で同じようにアタリが出た。またしても強い引きで、釣りあげたアマゴは29㎝。渓流域でこのサイズが2連発とは、もう大満足。しかし、「もうないだろう」と仕掛けを流すとまたしても……結果、尺を筆頭に29、28、27㎝と立て続けに良型が出た。

滝に潜む大ものを仕留めるための釣行だったはずが、よりにもよって朝、滝を目差すために通過した場所が本命ポイントになった。

「灯台下暗し」という言葉がふさわしい一日となったが、それでも滝には夢がある。考えようによっては、これも滝を目差したからこその釣果ともいえる。私は、これからも滝壺に夢を求めたいと思う。

おみかの滝の上の淵を探ると、今までとは違う引きがサオを絞り込んだ

引き抜けず、流れを回り込んでタモに誘導した

おみかの滝で釣れるはずだった尺イワナが上の淵の尺アマゴに化けた!?

オショロコマとアメマス、境界線上の滝

文・写真　奥本昌夫

その川は明るい森の中、隙間から日差しが古びた林道を照らしていた。太古からの原生林は姿を消していたが、残された木々や幼木は順調に育ち、立派な森を作っていた。林冠と呼ばれる大きな緑の傘が覆い、川は直射日光から遮られ、これならば夏の暑い季節でも水温の上昇は少ないだろう。

6月後半、私はオホーツク海へと流れる川の一支流、その上流部にいた。源流というほどではない。携帯型GPSの地図を見ると、ちょうどこの辺りに滝の印がある。林道の傍らに車を停めて、笹薮の向こうにあるカラマツの林を横切り、狭い谷の上に登ってみた。崖の切れ間から下をのぞき込むと、落差5mほどの階段状の滝。青く深い淵があった。

滝壺のやや下流に降りられる小道がある。よくよく見ると、それは林道へつながっていた。看板がなくて気づかなかったのか。勢いづいて、少し焦っていたのかもしれない。ようやく待望の滝を見つけたのだ。この滝を目差してきた私の目的はふたつ。

北海道東部の屋根、東大雪山の眺め。一帯の渓はオショロコマの楽園でもある

オショロコマを捜して、滝の上の回廊を遡る

ひとつはオショロコマを捜すこと。下流部や海とつながった流域にはアメマスがいることが分かっている。滝は両者の生息を分断する障害物になる可能性があった。

もうひとつは、通常は小型で多数が群れて生息するオショロコマだが、希に大型に育つものがいる。エサの豊富な大きな空間、たとえば大きな滝壺の淵にはその可能性がある。

サオと道具を取りに車に戻り、改めて滝壺への小道を降りていく。川は無名に近いようなものだし、いる魚がイワナ属だけならば、北海道では大勢の釣り人を寄せ付けることはない。ヤマメの人気に比して、イワナは地味な扱いを受けている。食べてヤマメほど美味しくはないというのがその理由。だから、イワナだけの滝があったとしても、「興味のある人しか知らない」存在であって、つまり、ここにはきっと大ものが潜んでいる可能性があるのだ。

幅広の滝が作り出した大きな淵は、どこに魚がいてもおかしくはなさそうだったが、左右に太く強い流れがあって、とりわけ真ん中が緩くて深く暗く淀んでいる。大ものの気配が濃厚だ。

こうした場所は概して小さなイワナの巣窟になっている可能性もあったが、期待が高まり続けていた私は、四の五の考えるのが面倒で、一番のポイントにフライを投じた。まずは毛バリを浮かせてやる気のあるヤツをねらい撃ちにする。滝に向かって右側の、ひときわ太い流れの内側白泡のライン。その真ん中に大きめの10番エルクヘア・カディスを少し強めにドカッと落とす。波打っていて飛沫も多いから、少し演出を利かせたつもりだった。

だが1投目には反応はなかった。いや、不思議ではないのだ。滝壺でのフライフィッシングでは、浮かせるタイプのドライフライは向かない。水面は常に荒れていているから、水の中の魚からは見づらいのだ。それでも念のためにと、何度か続けて投げるもやはり無反応。

今度は素直にフライを沈めるニンフへ変更。10番クロカワゲラの幼虫を模した、細長いパターンに替える。ウエイトもたっぷり巻いた重いフライ、これで川底を探るのだ。投げて数秒、ウエイトの入った重いフライが流れながら川底に近づいたころ、リーダーに付けたオレンジの小さな目印がスッと流れの中に引き込まれる。鈍重な引きながら、ちょっと大きいか。水面に浮かんできた魚を見て、少し驚く。

「おっ、尺クラスか……！」

岸に横たえた魚体は、黄褐色に小さな朱点が散りばめられた、まごうことなきオショロコマ。しかも30㎝もある立派な「尺オショロコマ」である。オショロコマが尺クラスになるのは、とかく難しいこと。やはりいたのだ、滝壺には大ものが潜んでいた。

とはいえ、この釣行では尺オショロコマは余興でしかなかった。歓喜の余興、うれしい誤算というほかないが、それでも目的の第一義はほかにあったのである。

※

北海道の河川に生息する2種のイワナ属、オショロコマとアメマス（エゾイワナ）は、人間の手

による放流がほとんどなされぬまま、自然の手によって繁殖が繰り返されてきた。その両イワナは、不思議なことに同じ場所で共存することがほとんどないといわれている。同じ川に棲む場合でも、上流部と下流部とで絶妙に生活の場を分けており、混生していることは希。両者を同じ流れの中で見る機会はあまりないのだ。

その理由は、適水温の違いや地形の違いなどさまざまな要因が複雑に影響しているが、最大の要因は「強い種間競争」ではないかと推察されている。簡単にいうと、直接殺しあうようなことはないが、似通った生態を持つため、エサの取り合い、縄張り争いが激しくなり、やがて強いものが弱いものを駆逐してしまう。

種としては、前者がより古い種類で、後者が新しい新参者とされているが、降海するアメマスのほうが、現在の北海道の気候風土に適しているものと考えられるのだ。

だが世界全体で見ると、英名でドリーバーデンと呼ばれるオショロコマが優勢なのだ。アメマスの世界的な生息域は、日本からサハリンやカムチャツカ辺りまでの比較的狭い範囲でしかないが、ドリーバーデンは北海道だけではなく、より北方の沿海州や遠くアラスカまで生息している。降海性もあって、ちょうど北海道のアメマスと同じような生態

流れを分断する滝には、２種のイワナの生息を分断するものもある

である。そういう視点で見ると、北海道のイワナたちは「追われつつあるオショロコマと拡大するアメマス」という構図。いわば2大イワナ勢力による抗争の最前線ということになる。

私が北海道のこの2種のイワナの境界線に関して興味を持つようになったのは、『イワナの謎を追う』（岩波新書）という本がきっかけだった。釣り好きが高じて、教員の傍ら北海道中のイワナを追っていた石城謙吉さん（のちに北海道大学名誉教授）の若かりし頃のライフワークをまとめたものである。そこには著者が自ら釣り歩いた場所から始まって、さまざまな文献やレポート、伝聞などで両イワナの生息分布が記されていたが、釣りの本ではないし、ガイドブックのように事細かく分布が記載されているわけでもなかった。そこで実際に自分で釣り歩いてみたいという単純な動機が、私のイワナ捜しの発端だった。

そんな釣行をひとつのライフワークのようにしてきて、20年近くになった。もちろん他の釣りも忙しいので、多い年でも5、6回。同じ区間を二度訪れることが多く、まだ10水系20箇所ほどでしかない。そうして見てきた実情は、思いのほか共生流域が多いということだったように思う。

ごく大雑把に説明すると、道内のオショロコマの生息域は、ほぼ標高の高い大雪山系や日高山脈、天塩山地などの山岳部である。特に寒冷な知床半島では例外的に河口からオショロコマが見られるが、それ以外の場所はアメマスの生息地なのだ。だから、両イワナが同じ川に生息していると、高所のオショロコマの下限と、低所のアメマスの上限の交差する辺りが境界線、つまり共生域ということになる。

分布だけ先に知ると、そんなものかと思ってしまうが、道南地方で生まれ育ち釣りを覚えた私には、道北こそ寒冷な地域ではないだろうか？　なぜそこにオショロコマがいないのかと不思議に思ったものである。ちなみに道北一帯は標高が低く、夏場の一時とはいえ水温が上がる。なだらかな地形も影響しているのだろう。単なるイメージ上の寒さだけでは計れないところがあるようだ。

探査釣行はいたってシンプルだ。国土地理院発行の5万分の1の地形図を片手に、ねらいをつけた川のだいたい中流部から上流部へ、スポット的に釣り歩いて魚を確認していくだけである。どこかでアメマスからオショロコマへと変わるところが出てくると、そこを集中的に川通しに歩いてみるわけだ。

地図に滝の印があれば、そこは決して看過できないポイントである。両イワナの生息の分断には「滝」が大きな役割を果たしている可能性があるからだ。前述の本には、滝ができるのと前後して、古い時代に勢力を広げたオショロコマが、地殻変動によってできた滝で上流部に幽閉される、という挿話がでてくる。滝ができた後に進出してきたアメマスは滝に行く手を阻まれそれ以上遡上できず、滝上はオショロコマの楽園となっているかもしれない。物理的な境界線というわけだ。

滝を見つけたら、第一義的には境界線を意識するわけだが、もう一方で、釣り人としての私の関心は別のところにあったりもする。冒頭のエピソードのとおり、大きな滝が作る滝壺には、大きな淵で大きく育った「尺オショロ」がいるかもしれないのだ。ご察しのとおり、動機の半分は、いや、むしろこちらの興味のほうが強いと白状しておこう。

※

オホーツク海における、イワナの生息境界線はどこか。ここ数年の私の重要テーマである。

オショロコマの生息する川は、最東端の知床半島寄りの河川ほど多く、本流域こそアメマスの天下となっているが、支流・上流域はオショロコマのみでもある。同時にダムや砂防堰堤が随所に作られ、自然状態のままとはいえない河川も多い。問題はオホーツク西部、渚滑川から北西のエリアだ。ここより北は標高の高いエリアがなく、アメマスの生息域になっていく。どこかに境界となる川が存在しているはずだった。10年くらい前に二度ほどこの辺りを調べたが、怪しい川を残してその調査を一旦中断していたのである。

ところで、その境界となる共生流域がいったい何キロメートルに及ぶものなのか、それともわずか数十メートルなのか、それはまったく分からない。たとえば、日高の新冠川ではダムが連座しているせいなのか、ダムとダムを挟んで林道距離にして16㎞もの区間が、共生となっているようなのだ。あるいは、知床南部の標津川では本流はアメマス、支流はオショロコマと完全に切り分けられている箇所もある。どんな状態なのか、まったくもって予断を許さない。

そもそも境界そのものが流動的なのかもしれない。去年は100箇所の淵や瀬で重複していたかもしれないが、今年はたったの1箇所とか。暑い夏の年には上流の淵だったり、寒い年には下流の瀬だったり、あるいは過去数千年に渡って、たったひとつの淵が境目になっているかもしれない。

ずいぶん遠回りをしてしまったが、話を冒頭のオホーツクの川に戻そう。

滝の上には魚は何もいなかった。ほかの川での例を考えると、滝ができたのは少なくてもオショロコマがこの川にやってくる前ということになる。ということで次の釣行時には、滝から数キロメートル下った辺りに入ることにした。

小さな橋のたもとから草木を割って川に入ると、川は思いのほか小さかった。水量が安定してい

北国の滝壺に潜んでいたのは尺に届く
オショロコマだった

エゾイワナ、アメマスの河川残留型。
本州以南のイワナと同種

るのか、砂利の河原がない。河岸はクマザサが覆いかぶさり、遡行するには川通しに歩くしかなさそうだ。川に入ると滑っていきなり転びそうになる。川底は長い期間、変化がないようで表面の石がぬるぬるとしている。

ヒグマ除けの忌避スプレーや大きな音の出る鈴を持ち歩いてはいたが、人の来ないような山間ではあるし、どこにヒグマが隠れていてもおかしくないような沢である。だが、これまで何百日と道内の川を歩いてきたが、音を出したり声を出したりして歩いていたおかげで、川を歩いている途中でヒグマに出会ったことは一度しかない。警戒心の強い動物なのだ。

イワナの仲間は同じく警戒心の強い魚といわれている。だが、こと北海道のイワナ属はとかく大らかな性格。ここでもすぐに釣れ出して、それはどれもアメマス系エゾイワナだ。大きさは20～25㎝。特徴の白斑点が小さめで、湖や海で急成長した形跡はない。彼らは降海（降湖）してアメマスとなり、エサの量が増えると白点が巨大化する。小さな白点は生粋のエゾイワナであることの証のようなものだ。

ここで彼らだけということは、下流からずっと彼らの生息のはず。車に戻ってまたさらに上流へと向かう。

開けていた窓の外から川が岩を打ち付けるような轟音が響いてきた。

「ここにも滝？」

地図には載っていないが滝があるのだろうか。サオを持って見に行くと、落差が2～3ｍの階段状の、確かに滝である。魚は遡上できるだろうか。滝壺には淵はなく、その下流も岩盤が続いていて目ぼしいポイントがない。

むしろ滝上をねらってみよう。少し上流に緩やかな斜面あったので、滑り落ちるように川に降りた。倒木が狭い川幅をふさぎ、川床の段差が小さな落ち込みになっている。そこから続くちょっとした深い瀬は魚影が多そうなポイントである。

もっとも大きな魚がいそうな、流心のやや脇のたるみにドライフライを投じると、すぐにエゾイワナが飛び出してきた。グレーがかった体色で、少し独特の色合い。この区間はすでに彼らの勢力下なのか。ちょっと落胆気味である。

だが、脇の小さな巻き返しにフライを投げると、茶色い物体が食いついたのが見えた。ん？と寄せてみると、これがなんと、オショロコマだったのである。茶褐色に朱点がポツポツと散りばめられた、見間違いようのない姿。

続けて岸際の脇を中心にフライを流してみると、こちらからは何尾もオショロコマが出てくる。流心のほうへフライを投げるとエゾイワナだ。大きさはややエゾイワナのほうが上で、エサの流下が多い場所を占拠しているらしく、オショロコマは川の脇に追いやられているようである。

どの川でも概して、エゾイワナはオショロコマに対して優勢なのだ。遊泳力に勝るエゾイワナは、よりよいポジションでエサをより多く摂ることができる。共生エリアはいうならば、ほぼ負けが決まったオショロコマが、最後の抵抗を試みる最前線ともいえる。

地球は温暖化の一途を辿っていて、オショロコマには不利に働いているには違いない。だが彼らは川の地形などを利用して巧みに勢力を維持しているかのようにも見える。この下流の滝がいつできたのかは分からないが、現在は海からの大きなアメマスを阻害するには充分だろう。このまま段差が大きくならなければ、今いるエゾイワナの勢力は弱まる可能性もある。そうなれば、形勢逆転といったところだろうか？　先のことは誰にもわからないが……。

それにしても、彼らはいったいどれほどの期間、縄張り争いをしているのだろう。私のようなひとりの人間が知っているわずか数十年間だけでも、イワナたちは何代も世代交代をしているはずである。そのはるか以前から、各地で延々と繰り返されてきたことには違いない。

いずれにせよ、これは人の手が介在せずにきたからこそ存在する、自然が織りなす神秘的な現象。おそらく人類がいなくなった後も続くのだろう。我々はこうした世界を見守ることはあっても、決して人間の都合だけで手をくわえたり、破壊したりしてはならないはずだ。滝の轟音を聞きながら、流れの底に群れるオショロコマたちを見ると、そんなことを思わずにはいられない。

付け加えていうなら、現代人である我々がその瞬間を垣間見ることができるのはとても貴重で意味深いことだと思うし、釣り人としても幸せなことだとも思う。

長い年月を経て、大きく成長した「尺オショロ」のような魚に出会えるのなら、私自身はもう、何もいうことはない。

野性味あふれる茶褐色のボディーに鮮やかな朱点

現われては消える滝壺とヌシの謎

文・写真　風間俊春

誰もが夢を抱く魅力的なポイント「滝」。各地に存在する滝での物語を聞くと、自分も！　と思いを馳せてしまうのが釣り人ではないだろうか。夢やロマンがある滝へ通う釣り人も多いだろう。

しかし実際のところ、私は滝では大して粘りもせず数投したら高巻いてしまう。というのも、地元・奥秩父の渓にかかる滝は入れ替わり立ち替わり釣り人が出入りしており、もしヌシがいたとしても反応しにくいと感じているからだ。そんなわけで、渓流釣りを始めてから滝で特によい思いをした経験もなく今に至っている。

手を変え品を変えすればチャンスがあるのかもしれない。しかし滝で時間を割くよりも、さらに上流へ進んで違う魚との出会いを求めてしまうのが自分である。実際に滝以外のポイントでよい思いをした経験も多く、目の前に現われる滝は「高巻をしなくてはいけない」＝無駄に体力を消耗してしまう厄介な存在でしかない。他県に遠征しても、その土地の事情がどうであれ、滝では粘らずに移動する。個人的に魅力を感じていないのかもしれない。

ただ、粘ってねらうことはしないにしても、心の中ではどうにかして攻略したいと思っている滝は存在する。

※

滝を釣れⅠ

奥秩父の滝。そこは薄暗く、夏でも涼しい場所で日差しもあまり差し込まない。両岸は切り立った崖で圧迫感すら感じる。そんな所に立ちはだかる滝だ。初めてその滝と対面したのは10数年前。当時は小さなヤマメが1尾釣れた記憶があったような、そんなうろ覚えの状態だが、とにかく滝壺が長く、なおかつカーブしているため、立ち込める限界の場所からでも滝そのものの姿は見えない。

高巻くのも大変なのだが、なんとか越えて上から滝壺をのぞき込むと、底までくっきりと見える透明な流れに魚の姿は全く確認できない。ただ流木が沈んでいるくらいだ。

これだけの規模の場所に魚がいないのは寂しいと思いながらしばらく眺めていると、流木と思っていたモノが動き出して滝壺に消えていった。息をのむ瞬間であった。あれはイワナだったのだ。消え去る間際に尾ビレをしっかりと確認したのはいいが、次に何をすべきか頭が回らないほどの衝撃が走った。それはイワナとしての「大きい」の度合いを越えていた。まさにヌシだ。秩父にもいるんだな……そんな気持ちと動揺でしばらく身体が動かなかった。

どのくらい時間が経っただろうか、ようやく冷静な判断ができる状態に戻り始めた私は、ルアーをスプーンに変えて滝上からキャストしてみた。反応はもちろんなく、イワナは姿を見せなかった。結局、何が正解だったのか分からないまま帰宅し、その後は滝に釣行するタイミングがないままシーズンが終了してしまった。

翌年はしばらく違う場所で存分に釣行を楽しんでいた。しかし初夏に差しかかる頃、不意に滝のことが頭をよぎった。「まだ、いるかな?」独り言を発した時にはその場所へ向かっていた。

谷は深く入渓も一苦労する場所であったが軽快に下り釣り始める。景色はそのままなのだが、渓相は一変していた。魚影も少ない。これは釣り人だけの問題ではないと感じ始めていた。

岩陰にも魚がいないなと思いつつ、滝まで来てしまった。というより、気付いた時にはすでに滝直下にいた。滝壺だった場所は砂利で埋まっていた。壺そのものが消失していたことに気付かなかったのだ。想像もしなかった事態に私は茫然とするしかなかった。これではサオのだしようもなく、仕方なく高巻いて上流に進んだ。

あのイワナは何処へ?

帰宅してから、「昨年もう一度釣行しておけばよかった」などと考えている自分がいた。滝壺が消えたのは、昨秋直撃した台風の影響に間違いない。私は他の河川でも同様に土砂で埋まったポイントをたくさん見ていた。昨年もう一度行っておけばよかったと後悔しつつ、シーズン終盤にもう一度釣行してみたが、滝壺は埋まったままだった。

高低差がある中で、高台からイワナをヒットさせた

落ち込みや瀬も続き、じっくりねらうとあまり進めない。変化が多い楽しい渓だ

さらにその翌年、若葉が芽吹き始めた頃に何気なくあの川に釣行してみた。滝壺と一緒にヌシも消えてしまったと思っていたので、普段どおりのスタンスで落ち込みや瀬をねらいながらイワナとヤマメを釣りあげていた。

そろそろ滝に到着する風景だと感じていると、以前見た光景が広がっていた。滝壺が復活していたのだ。なぜ？　確かに大雨は前年の秋口に数回あったが、それだけでこうなるものか。頭ではいろんな思いがグルグルと巡るが身体は釣り人、私は見える範囲を丁寧に探っていた。しかし魚の反応はなく、ルアーだけが静かに返ってきた。腰辺りまで浸かってみるがやはりカーブの先までは行けない。結局あきらめて滝上へ高巻いた。

（滝壺が回復してもあのヌシはいないだろう）心のどこかでそう高をくくって滝壺をのぞき込んだのがいけなかった。なんと、ヌシは滝の端にできた反転流の所に浮いていた。しかし急に私が姿を見せたせいで、猛スピードで滝壺へ姿を消してしまった。

不用意なのぞき込みを悔やむよりも、ヌシがいたことに疑問が大きく膨らんでしまった。今までどこにいたのか。ここまでの流れで身を潜められるような大場所も岩陰もない。一方でヌシがいたことにうれしさも感じながらその時は上流へ足を進めた。

帰宅してからは道具の選択をあれこれ考えていた。ヘビータックルを準備したいが、あくまでも渓流であり移動をイメージすると効率が悪い。だからといって、滝上からでは……ヌシが掛かっても釣りあげられない。磯ダモを持っていくのも高巻の邪魔でタイムロスと危険が増す可能性が高い。

滝を釣れⅠ

自分なりの結論を出せないままその後も何度か挑んでみたが、それらはすべて失敗に終わった。今現在も攻略できていないあの滝壺は、年ごとに埋まって消えたり掘れて現われたりを繰り返す不思議な場所である。渓流をたくさん歩いて来たが、ここまで変化の大きな場所はそうない。そして滝壺自体が生き物のようなその場所に潜むヌシは、滝壺が埋まっている時はどこにいるのだろうか。

２０１２年から２０１４年は埋まっていたのでヌシを見ることはできなかった。その翌年、２０１５年の梅雨時期には滝壺が復活していたがヌシの姿はなかった。その代わり、大きなヤマメが悠々と泳いでいた。慎重にキャストをしてみたが、ルアーが着水したと同時に下流へ逃げてしまった。

さて、２０１６年あの滝はどうなっているのか。ヌシは？　あの大きさが渓流で育まれているのは自然の神秘だ。下流にはダムがあるが、滝壺までにはいくつもの堰堤があり、それらを越えて上ってくるのは不可能だ。大きな淵がたくさんあれば、それはそれで成長と避難を助けてくれるかもしれないが、そんな場所もない。

イワナの寿命からすると、私が見たのは違う個体なのかもしれない。しょせん人が考えたところで、答えはないのかもしれない。でも、「いつか攻略できたら！」と今日も思ったりしている。

梅雨時期前になったらもう一度足を運んでみよう。読者の方にどこかでよい報告ができたらうれしいのだが。実は、滝に一番のロマンを感じているのは、自分ではないのだろうかとふと思うこともある。道具の準備はできている。重いスプーンとミノーを携え、今年こそはあの滝壺に潜む大イワナを攻略したいと私は願っている。

出谷川呂滝、憧れの潜水艦イワナ

文・写真　岡部勝明

長い間渓流釣りをしてきて、これほどまでにイワナ釣りにのめり込んでしまったわけが自分でもよく分からない。強いていえば、イワナ釣りは獲物を追うハンティングに近い要素があると思う。次から次へと現われる複雑な地形のポイントは、大ものへの期待感でいつもドキドキさせられる。ポイントを包み込む渓の風景も新鮮だ。それらに夢中になり、ハマっていったようにも思う。

単独行を中心に源流に赴くことには、こだわりがある。自分のペースで行動できることで、釣果もほとんど空振りがなく、回数を重ねるうちに自己記録サイズは確実にアップすることが多い。50代で私は念願の50㎝オーバーを手中にできた。人生の設計をするように長い年月を源流釣りに費やしてきたからこそ、夢をつかめたのだとも思っている。

今年60歳になる私は、若者と同じような気持ちでさらなる大もの60㎝オーバーを求め、期待が持てる源流にアタックする計画を立てている。

出谷川の象徴、
呂滝にサオをだす

私の源流釣りの修行時代、奥羽山系の岩手、秋田、宮城の源流からレベルアップして八久和川などの大渓流に到達できるまでには、さまざまな経験を繰り返すことになるのだが、そこには必ずといってよいほど「魚止まりの滝」が登場した。源流を語るうえでなくてはならないのが大小の滝で、各沢の「顔」ともいえる存在だ。今日はあの滝まで必ず行こうとか、あの滝を越えて放流しようなど、滝を目標に行動範囲を決めたりしているからである。

マタギの人たちも、滝を越えてイワナを移殖することで自分だけの漁場をつくった。滝上の隠しイワナは、獲物が獲れない時はこれを釣り、生や焼き枯らしを温泉場に運んで生活の足しにした。「滝には必ず主がいる」という夢を抱く、滝好きな釣り人も多い。私も滝ねらいで釣行を計画することがある。そんな時、大ものへの期待と夢はますます膨らむのだ。

しかし滝壺の釣りは少なからず難しい面もある。滝の主ともなれば一発でエサを食わないことが多く、最初に掛けた1尾で警戒心を与えてしまうと、出てこなくなる可能性もある。したがって絶対に糸鳴りがするような無理をしてはいけない。私はサオは硬硬調を使い、アワセ、やり取りにも神経を使う。また、滝壺で食べ頃サイズを爆釣した話を耳にすることがある。これは中層から上のイワナを釣っているのであり、底にはさらなる大ものが潜んでいる可能性がある。水深がある滝壺ではオモリを足して底まで一気に沈めることが、大ものを掛けるための重要なテクニックになる。

滝を観察していると面白い一面があり、それに気が付くと感心することも多い。たとえば、5〜6mの滝が目の前にあるとする。エサを入れ、数尾を釣りあげてサイズを見れば、滝の上にもイワナが生息しているかどうかの目安になる。1、2年魚が次から次へと釣れる場合は、滝上にもイワナが生息すると判断できる。数が増えて過密となり、下流に押し出されるように落ちた個体が滝壺に溜まっていると思われるからだ。

6月のある沢ではこんな光景に遭遇したこともある。至る所にスノーブリッジが架かる減水気味の沢を、いくつもの雪渓を越えて釣り上がると滝に出た。6〜7mとさほど高くはないが手前に大きなスノーブリッジがあり、そこに水が溜まって滝の高さにまで達していた。滝がある場所の周りは両側が深いV字に切り立ち、巨大な雪崩が渓を埋める。そんな場所にできた自然のダムは、規模にもよるが1日や2日は渓を堰き止め、水を満々と湛えてオーバーフローしているが、やがて崩壊と同時に鉄砲水の濁流となって沢を駆け下るのだ。そうなるまで、ある程度の時間があればだが、滝壺のイワナたちは労せずして滝を越え上流にも生息圏を広げて増えていく。

このように滝壺には大事な役割があって、自然現象のすごさにも感動する。そして私は、滝の上にもさらなる浪漫を感じることができるのである。

※

—朝日連峰出谷川・呂滝と主の潜水艦イワナ—

八久和川の上流、出谷川に呂滝という知る人ぞ知る有名な滝がある。呂滝までは、泊まりの装備で大井沢地区の原登山口より天狗角力取山を越えて

呂滝の滝壺。その深さは計り知れない

滝を釣れ I

下り、ようやく辿り着く9時間ほどの行程で、秘境・出谷川のシンボル的な存在だ。高さ4〜5mと特に落差のある滝姿ではないが、呂滝のすごいところは、なんといっても他にはあまり見ないド迫力の滝壺である。壺というよりもでかい縦穴に黒い水が溜まっているようなのだ。昔、地元の人は「出谷の呂淵」と呼んでいたように、滝ではなく淵として認識されていたのもうなずける。

私も初めて呂滝を訪れた時は、その迫力に圧倒された。7mザオの仕掛けをサオ先まで沈めても役に立たないほどの深さは、どれくらいあるのか見当も付かない。重いオモリで深く沈める大イワナ作戦もほとんど通用しない。頼りのドバミミズも水圧の影響でだらりと伸びる始末。とても難しい釣りを強いられる場所なのだ。

そんな深い縦穴の壺はどうしてできたのかと、つい考えてしまう。滝壺といえば、水流の落差で川床が少しずつ削られ長い年月をかけて深くなるイメージがある。しかし呂滝のような落差のあまりない滝で、これほどまでに大きな深い穴ができるものだろうか。私の想像では、はじめはごく普通の滝壺だったのが、底の下に空洞があり、それが何かの理由で地盤沈下でもして底知れない深さになったのではないだろうか。

いずれにしても、こんなに深くて釣りきれない壺には、相当でかく育った主のイワナが沈んでいるに違いない。

私の友人に八久和川、出谷川のマニアがいる。大きなイワナを釣りたい一心で朝日連峰への登山口がある大井沢地区に土地を購入し、小屋まで建ててしまった彼の話によると、呂滝にはコイのように黒っぽく太くてでかいイワナがいるらしい。実際に目撃もしており、50㎝はおろか70㎝はあろうかと思われる巨大な潜水艦イワナだという。それはまさしく呂滝の主に違いない。

かつて瀬畑雄三さんや植野稔さんは出谷川に通い詰めた末に、呂滝でそれぞれ50㎝オーバーのイワナを釣られている。大イワナへの執念は後続の我々も見習うべき精神だと思う。また、山ひとつ隔てた隣の大鳥池には巨大な怪魚タキタロウが生息する。近年魚群探知機で調査したところ、水深30mあまりで巨大な魚影を捉えたという報告もある。そんな深場にいる魚は、やはりイワナなのだろうか。だとしたら呂滝の底にもかなりの大もの、主がいても不思議ではない。

長年八久和川周辺に通う間に気が付いたことがある。それは、普段は石の下や深く暗い所にいる警戒心が強い大イワナも習性上、年に最低2回は浮上せずにはいられないようなのだ。ひとつは産卵行動のため。そしてもうひとつは、あまりの深さに生きるうえで必要な太陽光を充分に受けることができないのではないか？　そのため雪解けが終わる頃の7月半ば、水面近くまで浮上してくるものと思われるのである。タキタロウが大鳥池で目撃されたのも7月中旬。私が八久和川・カクネの淵で目撃した大きなイワナも同じ時期だ。この時期に呂滝へ行くことができれば、滝壺に浮上して日光浴をしている潜水艦イワナに遭遇できるチャンスがあるとも考えている。

大イワナが生息する八久和川とその上流・出谷川は、ポイントまでのアプローチが厳しく、釣り人はほかの沢に比べると極端には多くない。泊まりの釣行となれば普通山中2泊は必要で、天候を見極め3～4泊の時間があればよい釣りが堪能できるに違いない。しかし、一番難しいのが天候と装備の重量だ。荷物は極力少なく軽量化を目差し、体力を釣りのために温存するように心がければ、怪我もなく大イワナねらいで楽しい釣りが可能だと思っている。

※

―潜水艦イワナに敗退。涙雨になった出谷川釣行記―

出谷川本流筋は大ものの溜まるポイントが分かりやすいのが特徴だと思う。呂滝はもちろんだが、コマス滝、団扇淵、オツボの出合の滝、石滝などは大ものの実績があり、時期と水量が味方すれば可能性は高い。釣れないにしても目撃だけはできるかもしれないのだ。

初の呂滝釣行の時もだが、2回目の出谷川でも私は雨に見舞われた。

「呂滝に行ってくるよ」と家内に言って出掛けた2回目の出谷川アタックは、登山道との苦戦中に霧雨になってしまった。天気予報では曇りのはずだった。期待していた朝日連峰の山並みも天狗小屋も、すべて雲に霞《かす》んで見えない。そのまま天狗小屋に泊まる選択肢もあるが、小屋に入ればすることもないのでアルコールを優先してしまいそうで止めにする。

呂滝に近いウシ沢の下降ルートは雨足が強まると危険と判断してあきらめ、予定とは違い残念ではあるが、岩屋沢のテン場に直接下りる登山道ルートに変更する。しかし、出谷川に着く頃には登りで疲労した膝は下りで笑い、ガクガク状態。天気も最悪の本降りに近い雨になった。

増水気味の出谷川。雨天時は水位と遡行の見極めに慎重さが求められる

晴れた日の障子ヶ岳。天気も釣りも「晴れ」とはいかなかった……

降り続く雨は潜水艦イワナに敗退して「涙雨」となった

他の川で釣った50㎝クラス。これをひと回り超える型をものにするのが私の夢だ

出谷川の渓は、増水が始まるには時間がかかるが、安心していると一気に徒渉できなくなる難しさがあり、注意が必要なのだ。仕方なく岩屋沢にテン場を決め、雨対策に残置シートで天幕を低めに張り、濡れないようにその下へ寝床のツエルトを設営した。

時間もあるので、オツボの出合のF1淵をねらおうと雨具を着て向かう。本流の水位はまだ平水のようだ。雨で低温のせいかエサのドバミミズは元気ビンビンで、早速釣りを開始すると、そこいら中のポイントから7～8寸の小ものが面白いように飛び出してくる。食料用に太った2尾をキープし、それ以外はリリースする。ねらったポイントでは大きなサイズは出なかったが、数は釣れることが分かった。9月の平日は他の釣り人にも会わず、釣り場は貸し切り状態であった。

なかなか雨も止まず、おまけに疲労困憊《こんぱい》。早めにテン場に戻り夕食の仕度に取りかかる。こんな時は防水性のシートが本当に心強い。仕度が終了する頃には夕闇が迫り、持参したビールと酎ハイに釣ったイワナの刺身でほろ酔い状態になる。今日の飯は炊きたての熱々ご飯、フライパンで焼くだけのハンバーグと即席ラーメンの質素な定食だが、一人ぼっちの孤独な飯には手軽でよい。

LEDのランタンに明かりを点し、焚き火がないのでガスバーナーの火力を弱くして暖を取る。飯に辿り着くまでに焼酎の麦茶割りをホットで飲むと、メーターがぐんぐん上がる。これだからいくら装備を軽くしようとしても無駄で、どうしても酒類だけは減らせないのである。

翌日は5時に目が覚める。木々から滴る水の音がうるさく、やる気を損なう。二日酔い気味なので今日も雨かと外も見ず、寝袋に頭を潜り込ませる。次に目が覚めると7時を回っていた。今度は

滝を釣れⅠ

なんとか起き出して外に出るが相当に肌寒く感じる。雨はしとしと降り続いてやむ気配はない。

出谷川の水量も少し増えてきているように感じる。これ以上強く降るとすぐに増水する限界の線である。毎回ここでは雨に悩まされるが、朝日の森は雨が多く感じるのは自分だけだろうか？

昨日のうちに汲んでおいた水でお湯を沸かしコーヒーを啜《すす》りながら、今日はどのように行動するか考えてみる。上流のコマス滝にテン場を移動して呂滝にアタックするのが理想的だが、雨足がこれ以上強くなれば、帰りのルートのウシ沢を登るのは危険すぎる。となると、またここに引き返すことになるのは明らかである。

それなら空身で行ける所まで行き、戻って来るのがよいかもしれないと決めて、昨夜の残りご飯をお茶漬けにしてかき込み、残りは梅干しでおにぎりにする。後はラーメンと羊羹《ようかん》、コーヒーとバーナーと鍋。サオ、仕掛け、タモ。カメラは防水ではないので写真もなかなか撮れない。しかし、もしもこの先で大ものが釣れたら記念の記録に必要なので防水袋に入れる。肝心のドバは発泡箱ごと残らず持参し、小分けして使うことにする。この雨が吉と出るか凶と出るかは分からないが、着替えてシューズを履き、ザックを背負い足早にオッツボ沢の高巻ルートに向かった。

出谷川左岸からオッツボ沢が滝で出合う。Ｆ２の上を横切り高巻の斜面に取り付いた時、ピンソールを忘れたことに気が付いた。土の斜面ではピンソールがないと不安だ。戻るわけにもいかず、仕方なくそのまま我慢して行くことにした。

雨で滑る高巻ルートを慎重にクリアしてふたたび出谷川に立つ。この先の上流には、前回３人で

50㎝を超える朱に輝く「赤い潜水艦」を目撃した団扇淵があり、緊張感が増す。しかし、あれは本当にイワナだったのだろうか。今までかなりの大ものを含むイワナに出会ってきたが、初めて見る色の魚だった。見ようによっては婚姻色の出たイトウやニジマスに酷似していた。

その正体を突き止めるためには、とにかく釣りあげないといけないのだ。

しかしいざ改めて淵の前に立つと、その大きさに閉口してしまう。淵は静まり返り、雨粒が水面を叩き波紋で底が見えない。くまなく観察したが赤い潜水艦はいそうにない。あの時は9月末で産卵行動を示していたが、まだその時期を迎えていないようだ。

特大のドバミミズをハリに付け、7mザオを振り第1投。すると水面にドバミミズが落ちると同時にイワナが割って出た。一発で食らいついたが尺には少し足りない良型だ。潜水艦は出ないものの1箇所で7尾を釣りあげた。

今度は淵の右岸を大きく回り込み、淵頭の落ち口に目をつけた。2mほどの落ち込みは両側の底が深くえぐれ、底も見えないくらいの深さになっている。静かに岩壁をよじ登り、渕頭の上の岩に立った。ここには潜水艦が沈んでいると自分の勘を信じ、足下の右岸側の深みにドバミミズをぶち込んだ。しばらくアタリを待つがピクリともしない。次に左岸側の深みを探る。かすかに「ツツン」と軽い震動がサオから伝わってきた。少し上げて聞いてみると、一気にグーッと落ち込みの下に引きずっていかれる。「ヤバイ!」、潜水艦だ間違いない。はやる気持ちを抑えながらサオを立て、直感で左手に持ち替え、右手で岩壁の木の枝をつかみ下の河原に降りようとした。その時、右足をかけていた足場の岩が剥がれて下の河原にザザーッと滑り落ちた。それでも執念で左手はサオを放さなかったが、その瞬間に潜水艦はイトを千切って逃げてしまっていた。

なんという失態だ。一瞬、2mあまりを飛び込んでしまおうかとも思ったが、カメラを背負っていたため躊躇《ちゅうちょ》した。それに水中での防水袋の性能を信じていなかった。怪我をすることなくサオも壊さなかったのはよかったが、無念だ。感覚では以前釣った50㎝を越えるかもしれないのだ。

イトは1号、ハリは尺イワナの10号、オモリは4B2個付け。大ものの場合、アタリが来た瞬間にはエサを吸い込み飲んでおり、アタリも極々小さく出る。この時も軽いアタリしか出なかった。「岩の上で時間をかけ、弱らせてから下ってもよかったのでは」、「下にタモを持っている人がいれば、弱らせてからすくってもらえば取れたかもしれない」とも思うが後の祭りだ。単独釣行の難しさはこんなところにも表われるんだと、今さらながら思った潜水艦イワナとの攻防戦であった。

コマス滝までは行こうとサオをだしながら、足早に上流に向かう。時計を見ると時間はいつの間にか午後1時に近い。もう時間があまりないのでやむなく引き返すことにした。今回は残念ながら呂滝まで届かなかった。次回はウシ沢から下降して真っすぐ呂滝に向かい、呂滝、コマス滝、団扇淵にもう一度サオをだしてみたい。

無常にも雨は小降りながらやむ気配はない。今日は悔しいが早めにテン場に戻り、独りで男泣きの残念会をやろう。明日は早く岩屋沢から登山道を登り返して帰途につこう。次回は必ず潜水艦を浮上させることを夢に見て。

最後の1尾

文・写真　増田千裕

ゴルジュから解放された流れは白泡となり、下に絶好の淵を作っている。山峡の奥深くのひっそりとした水辺を護るように、周囲に岩盤が迫る。適度な速さの流れの底には大きな沈み石があり、型のよいイワナが身を寄せていそうだ。水深も充分にある。

「サクラバ、ひとつデカイやつを出してくれ」

スミの声を背に受け、サクラバは今日最後のイワナを釣るべく流れに入っていった。淵尻に立ち、ポジションを決めると、サクラバは身を低くして機をうかがった。スミと私はすこし離れた2畳分ほどの岩の上に腰をおろし、彼の釣りを見守っていた。

その日、私たちは以前からねらっていたイワナの渓を初めて遡行した。北アルプスを水源とする急流、常願寺川水系の中でも、特にこの谷は険しい。電源開発の盛んな土地ゆえ、山奥であるにもかかわらず林道は整備されているが、谷が深くV字をきざんでいるうえに林道と谷とは数十メート

滝を釣れⅠ

ルもの高低差があって、川へ近づくのが容易ではない。富山の友人サクラバでさえ安全な入渓ルートを知らないというので、私たちは仕方なく急斜面を強引に下降し、なんとか谷底にたどり着いたのだった。

危険を冒した甲斐はあって、釣り始めてすぐに30㎝を超えるイワナが出た。スミ、サクラバもサオを曲げて次々に良型のイワナを取り込んだ。谷筋に人の痕跡はない。やはり、簡単に入れる場所ではないのだ。しばらくの間、ここは誰も釣っていないのだろう。イワナが型揃いであるばかりか、その出方がまるで無防備なようすであることからも、そう感じられた。

雪解けが終わったばかりの渓谷の、冷たく澄んだ流れにフライを乗せると、ふわりと水面に魚体が浮かんできて、おもむろにパクリとやる。釣れてくるイワナは、雪代の名残か、うっすらと雪化粧をしたように白っぽかった。その姿態は、光り輝く初夏の北日本の風景によく似合うものだった。

幸い、谷は深いが渓相はおだやかで、大した悪場もない。流れはあくまで清冽で、瀬や淵は周囲の鮮やかな新緑を映して輝いていた。イワナはポイントごとにフライに出てくる。すべてが理想的な釣りだった。こうして渓で遊ぶうち、どれほどの距離を遡行したろうか。

あるカーブを曲がったところだった。目の前に大淵が現われた。淵の奥に目をやると、切り立った岩壁のはざまから噴き出した急流が、そのまま淵に落ち込んでいる。落ち込みの落差はさほどないが、落ち口はかなり水深がありそうだ。しかも、その三方を渓水に磨かれた岩が囲んでいる。

「ここまでだな。この水温じゃ全身水に浸かって淵を渡るわけにもいかないし」

私の言葉を引き取って、背後の大岩の上から淵を俯瞰《ふかん》していたスミがすぐさま応じた。

「いや、無理に淵を越えても無駄ですよ。あれを見てください」

スミは落ち込みの上流、岩壁が両岸に迫るゴルジュの先を指さして言った。私も岩によじ登って見ると、幅数メートルほどの暗い廊下の奥に、白く光るものが見えた。かなり落差のある一筋の滝だ。見たところ滝の左右も険しく切り立っている。これでは人はおろか、イワナだって遡上できはしない。完全な魚止である。

この魚止滝直下の淵が、イワナを釣る今日最後のチャンスになる。ここでよい結果を出して終えたい。はじめ私たちは互いに遠慮し合ったが、結局サクラバに釣り場を譲ることにしたのだった。

一瞬、風がやんだ。サクラバはサオを前後に2回振ってから前方に投射した。大型のカゲロウを模したヘアウイング・ダンが流れに乗った。すこし距離が足りない。と思った直後、サクラバはふたたびラインを後方に跳ね上げ、素早く前方に投げ返した。今度は奥の流れ込みの泡が切れかかるところにフライが落ちた。うまいキャストだ。

鹿の毛で巻かれた薄茶のヘアウイング・ダンは流れに揺られながらごく自然にゆっくりと、よい姿勢を保ちつつ水面を漂っていく。私は息を飲んだ。となりでカメラを構えたスミが身を固くしていた。サクラバはさらに低く身構えた。フライに全神経を集中させているようだった。最後のチャンスを逃すまいという気迫が伝わってきた。

褐色の影がゆらーりと現われて水面を揺らした。静かな波紋が広がった。ヘアウイング・ダンが

いつか、「最後の1尾」を釣るまでは……

消えている。一呼吸おいてから、サクラバは鋭くサオを立てた。前方にぴーんと伸びたアイボリーカラーのフライ・ラインが、暗い水面に突き刺さった。

※

翌週も私たち3人は同じ流れを訪れた。急斜面の下降も、慣れのせいか、あるいは釣りへの期待がいっそう高まっているせいか、最初のときより少し楽に感じられた。

関東地方ではそろそろ梅雨に入ろうかという時期だが、富山の渓はまだ初夏らしいさわやかな気候の中にあった。だが、流れの中では微妙に季節が進行しているようだった。前週はいなかった種のカゲロウが多く見られたのだ。カゲロウの羽化に渓は華やぎ、イワナは相変わらずよく釣れた。釣ることに夢中になるあまり遡行に時間がかかり、魚止に着いたのは日が暮れる少し前だった。帰路はふたたび急斜面を登らなければならないので、ここでゆっくりしているわけにはいかない。

今日は私が釣る番だった。私は心持ち緊張しながら流れに入った。見守る2人には、魚がフライに出ても絶対に声を出すなと注文をつけた。「出たあ！」という派手な歓声は何の役にも立たないばかりか、害でさえある。声に腕が反応して必要以上の大アワセになってしまうおそれがあるからだ。一日の釣りをアワセ切れで終えるなどということは、想像したくもなかった。

淵尻に立ってサオを振る。フライが、ベストとはいえないけれども、悪くはないところに落ちた。

少し流れたところでフライに黒い影が近づいてきた。その一部が水面からゆっくり突き出され、また没した。水面のフライがなくなっている。

サオを張るようにして、腕全体を後方にあおった。「よし!」と声をあげようとした瞬間、フライ・ラインは波打って目の前をかすめるように飛んできた。ティペットにはフライがついたままである。合わせたとき、何の手ごたえもなかったので、魚はフライを口に入れなかったのだろう。フライの流れ方がどこか不自然だったのかもしれない。やはり、キャストをやり直し、もっとよい位置にフライを落とすべきだったと後悔した。そこで脳裏に浮かんだのが、前週のサクラバの釣りである。あのとき取り込まれた36㎝のイワナは立派だったが、それよりもワンチャンスをものにしたサクラバの釣りが、より深く心に焼き付けられていた。最後にサクラバが見事に大イワナを掛けたことで、あの日の釣りが完全に満足のいくものになったのだと思う。魚止で、しめの1尾を釣るかどうかは、一日の釣りの印象を決定づけるものかもしれない。

※

「どうだ、釣れたか」

不意に背後から人の声が聞こえ、私はギクリとした。めったに人が入らないと思っていたこの渓で……。いったい何者だろう。

私は魚止で釣りそこなったことに納得がいかず、数日置いて単独で渓を訪れていた。声をかけられたのは、前回と同じコースを釣ったあと、魚止の滝に挑もうという矢先だった。

振り向くと、淵を見下ろす大岩の上に竹のテンカラザオを手にした男が立っていた。年のころは50前後か、日に焼けたしわ深い顔に、微かな笑みをうかべていた。上下とも作業着のような服装で、足元は今どき珍しく地下足袋にワラジである。荷物は何も持っていない。どう見ても遠来の釣り人ではなさそうだった。山仕事の合間に、ちょっといつもの渓をのぞきに来た、という風情である。

「あんた、どこから入ってきなさった。ワシが降りた道筋に足跡はなかったが」

私が下流の急斜面を強引に降りたことを知ると、男はすこし驚いた表情を見せた。

「ここを釣るんなら、ええ道があるぞ」

男は親切にも、自分のために切りひらいたであろうルートを教えてくれた。私が礼を述べると、男は「ほんなら頑張って釣ってな」とだけ言い残し、あっという間に渓を下って行ってしまった。

このあと、何となく集中力を欠いて、釣りに身が入らなかった。だからというわけでもないだろうが、淵は不発だった。絶好の流れをフライがむなしく通り過ぎた。水面に浮かぶフライを眺めながら、私は教えられたルートのことを考えていた。

男のルートは、魚止からわずか２００ｍほど下流にあった。涸れ沢の筋にそって登りきったところで小さな尾根に取りつき、尾根の上につけられた踏み跡をたどる。すると、あっけないほど簡単に林道に出られるのだった。遡行中その沢の存在に気づかなかったのは、沢がポイントのない分流

滝を釣れ I

北陸の初夏の渓をドライフライで軽快に釣り上がる

の側に入っていたからである。ともかく、それは私たちが帰路に利用していた、さらに数百メートル下流の登攀ルートとは比較にならないほど楽で安全なものだった。

このルートを知り、妙案が浮かんだ。暑い季節を迎えるこれから、日中のイワナ釣りは難しくなるだろう。とはいえ、いつものコースを朝夕の短時間にだけ釣るのも現実的ではない。ならば釣り上がりのコースは省略し、夕マヅメに魚止だけをねらったらどうか。このルートを使えば、入渓も退渓も自在である。夕闇せまる谷底で帰路を不安に思うこともない。私は自分の思いつきに興奮しないではいられなかった。暮れかかるあの淵で、おもむろに水面のフライをくわえる大イワナの姿を、何度も頭の中に思い描いてみた。

※

北陸地方の入梅とともに、富山の山間部にもまとまった雨が降り続いた。次の入渓の機会が得られないまま、私は都会でもんもんと日々をすごすしかなかった。

7月も下旬になり、ようやく長雨は終息に向かい、明るい陽光が戻ってきた。あと数日で8月になるというとき、私はほぼ1ヵ月ぶりに、またひとりで富山を訪れた。常願寺川流域の山々はすっかり緑を濃くし、本格的な夏の到来を告げていた。

日中は足場のよい渓で過ごし、夕刻に例の入渓ルートをたどって魚止を目差した。まだ西日の残照があるうちに谷へ降り、滝までの短い区間を釣り上がった。

淵に着き、奥の落ち込みに目をやって、私は思わず「おおっ！」と声を上げた。何尾もの尺イワナが落下する急流に逆らって跳躍しているのである。それは捕食活動ではなさそうだが、何かがイワナの活性を高めていたのはまちがいない。

太陽が山の端に完全に没し、西日のぬくもりが冷め、渓谷が涼やかな空気に包まれてきた。真夏の夕刻とあって、まわりにはいろいろな虫が飛んでいた。どれもイワナのよいエサになりそうだった。落ち込みではイワナの跳躍が続いていたが、私のねらいは静かな淵の中ほどにいるやつだ。

期待で胸をいっぱいにさせながら、私は心の中でつぶやいた――大イワナはゆっくりとした動作で水面に出てくるにちがいない。フライをくわえ、完全に水中に持ち込むまで待たなければならない。早アワセは厳禁である。それと、中途半端なキャストもいけない。一発で最良の位置にフライを届けることだ。チャンスは1回しかないのだから。

やがて水辺に少しずつ闇が忍び寄り、説明のつかない漠然とした不安が心に取りつき始めた。しかし、それでも私の期待がしぼむことはなかった。

モヤモヤとした思いを整理し、つとめて気持を落ち着かせ、私は淵への第1投を試みた。うまくいった。落ち込みの急流をかわし、白泡の切れ目にそって、ふわりふわりとフライは流されていく。今に出るぞ。イワナはゆっくり出てくる。ゆっくりと合わせるのだ。

水面が突如はじけた。ザバリという音とともに、激しく、信じがたいほど派手な水しぶきが上がった。「出たあっ！」と、私は心の中で叫んでいた。想定外の出来事に我を失い、腕が心の声に大きく反応してしまった。クッと一瞬手ごたえがあった後、プッツリとイトが切れる感触を残し、フライ・ラインは後方に勢いよく飛んでいった。直後、淵の真ん中でのたうつものがいた。ぎょっとして思わず大声をあげそうになった。水面からにょっきりと何かが突き出され、それが手のひらに見えたからだ。ほんの一瞬でそれは沈んだ。薄闇の中でよく見えなかったが、あれは……尾ビレだったのだろう。そうだ、大イワナの尾ビレにちがいない。

※

8月に入るとアブが大発生し、富山の渓流には近づくことができなくなった。秋を待つしかなかった。例の入渓ルートのことは誰にも話さなかった。友人たちには悪いが、あの魚止での釣りが自分にはまだ消化しきれていなかったのだ。次こそ、オトシマエをつけてやる、と心に期すものがあった。それまで、あの場所の釣りは自分だけのものにしておく必要があったのだ。

思いをつのらせつつ、入渓できる日を待ちわびていた。ところが、もうすぐ9月の声を聞こうというころ、特大級の台風が日本列島を直撃した。太平洋をまっすぐ北上してきた台風は高知に上陸し、中国・四国地方に激しい風雨を見舞ったあと日本海へ抜け、海沿いに北上すると、青森に再上陸するという念の入れようだった。富山も台風の北上ルートの中にあった。収穫前の果実が無残に

滝を釣れ I

人気のない渓のイワナは、次々に水面を割って僕たちの投じるフライに出た

散らばった青森のリンゴ農家の映像をテレビで見ながら、私はあの渓のことを思いやった。

台風が去ってしばらくたったころ、偵察に行ったサクラバから連絡があった。

「埋まってます。淵という淵、どこも底石が砂をかぶってます」

「ひとつ残らず、ぜんぶの淵が？」

「はい、ことごとく」

ひととおりのポイントにサオをだしたが、まったく釣れなかったらしい。魚止のことはあえて聞かなかったが、あそこだけが例外ということはありえないだろう。

受話器を通してこちらの落胆が伝わったのか、サクラバは慰めるように言った。

「常願寺の水系はどこも土砂の流出が激しいから、こんなことは珍しくないですよ。じきに元どおりになりますって」

サクラバからの報告をスミに伝えると、「いい川だったのになあ、残念だなあ、終わっちまいましたねえ」と言った。

本当にいい川だった。数多くのイワナを釣り、尺ものにも恵まれた。でも、終わっちまったか。わずかひと月ほど前のことなのに、あの胸躍る日々のことを過去の思い出として語らなければならないのが残念でしかたがなかった。しかし、私は思い直した。終わったわけではない、と。すぐには叶わぬ望みであるとはいえ、私はいつかあの場所で最後の1尾を釣らなければならないのだ。それまで、「終わり」にするわけにはいかない。

THE滝壺攻略

夢の大ものとの出会いを果たすために、
釣り人が手にできる
魔法の杖は4種類。
テンカラ、エサ、フライ、ルアーロッド。
それぞれの特徴を生かした解説のほか、
釣り人の妄想を膨らませる
各地の滝も収載。

Tenkara Fishing

流れに毛バリを吸い込ませる

テンカラで滝を釣る場合、いくつかの課題がある。ラインを押し返す風、滝壺の水深。それらの対策と攻略法を中心に解説する。

写真・文　吉田　孝

毛バリ各種。（左から）ゼンマイ胴剣羽根、現代版ハチガシラ、ウエイト入り逆さ毛バリ、BH 沈み花笠。左2本は浅い場所用、右2本は深い場所用

山岳渓流の釣りで遡行していくと、大小を問わず、滝が必ずといっていいほど現われる。上流に簡単に越せる滝もあれば、そうではない場合もある。

これは魚にも同じことがいえる。子孫繁栄のために上流に向かう習性のある渓流魚にとって、それ以上遡上が出来ない滝の存在は、そこに留まることを余儀なくされる厄介な場所ということになる。

ということでこの滝（滝壺）には、魚がいる前提があるわけで、テンカラ釣りでも外すことのできない重要なポイントの1つになっている。

ただし問題がある。滝とその周辺は、テンカラで釣りをする場合、こちらの思うような立ち位置が取りにくいことが多い。そのうえ、エサ釣りに比べればはるかに短いサオ、ルアー釣りのように遠くを釣るための飛び道具もなく、フライフィッシングのように長くラインを出すことのできないテンカラ釣りで、滝を釣るのは容易ではないのである。また後述する風の問題もある。

遡上を完全に阻むような滝は
格好のポイントだが、テンカラ
で攻略するためには課題もある

水深で分けるポイント&攻略

テンカラで滝を釣る場合、私はポイントを水深の「ある場所」と「ない場所」の2つに大きく分けてそれぞれ攻略法を考えている。

滝壺から次の落ち込みへ続く手前の肩やヒラキといわれる浅い場所。流れが緩く、浮いている魚が見えるような場所。また、たとえ水深があったとしても浅い所に魚が定位している場合には、いわゆる通常のテンカラ（毛バリを振り込み、水面や水面直下を自然に流す）で対応すればよい。

問題は水深のある場所の攻略だ。滝壺、その奥の岩盤沿いの深い所、両脇にできる反転流、そしてそれらの場所から吐き出される流れ（底波）をどう釣るかを考えないとならない。

底波に毛バリを乗せて流す場合、ラインやハリスにテンション（抵抗）がかかってしまうと、毛バリが思うように沈んでくれない。そのためにはラインに適度なスラック（ゆるみ・たるみ）を出し、流れに毛バリを引き込んでもらうようにする。ただ、スラックを出しすぎるとラインの動きや手感で取るアタリが分かりにくくなってしまうため、張らずゆるめずといった適度なラインコントロールが必要になってくる。

巻き起こる「風」

いずれのポイントをねらうにしても、滝を釣る場合には、そこに発生する風のことを考えなければならない。激しく流下する水によって起こる風。この風は滝から落ちる水がなくならない限り、止むことはない。限られた滝下の場所の中で、いかに風を考慮して毛バリを振り込み、流すことのできる立ち位置をとれるかどうか。このことが滝をテンカラで釣る場合、最も重要になる。

真正面から滝に向かって毛バリを振るのは、強烈な向かい風により不可能である。それでもどうにか毛バリを滝の真下に振り込むことができたとしても、今度はラインが滝からの風をまともに受けてしまうため、毛バリは瞬く間にこちらの足元に寄ってきてしまう。

そこで、できるだけ風の影響を受けないように滝の両脇に立ち位置を取り、横から毛バリを振り込む。こうすることで風の影響が多少なりとも減り、毛バリを目的の場所に振り込みやすくなる。ラインが風の力で引っ張られて毛バリが浮き上がったり、自分の意図していない方向に流れるのを軽減することもできる。

ただ1つ注意したいのは、滝壺の両側最奥の反転流には魚が付いている場合も多い。ゆえに、そのポイントに影響を与えない立ち位置を取ることも考慮しないといけない。

深場の釣り方・道具編

滝の釣り、特に水深のある場所をどのようにしているかを解説してみたい。

滝下では、有利な場所に立ち位置が決まっても多少なりとも風の影響を受けるため、それなりの道具が必要になってくる。まともに毛バリを振り込むことができなければ、釣りにならない。そこで私は、重量のあるライン（重めのテーパーラインや号数の大きなフロロカーボンのレベルライン等）を使用する。

毛バリについては、振り込んだ後、素早く水になじんで沈むように、BH（ビーズヘッド）を取り付けたり、レッドワイヤ（鉛線）を巻き込んで重量を増したものを使うことが多い。ハリスにオモリを打って深い場所をねらう人もいるようだが、私はキャスティングに違和感を覚えるのでハリスにオモリは付けない。

【ハリス】 水深のある場所で使うため、比重があって感度もよいフロロカーボン製を使用する。太さに関しては、その滝の規模から魚のサイズを想定し、0・6号から1号を使い分けている。

【ライン】 深い場所を釣る場合、毛バリは見えなくなってしまうので、ラインの変化でアタリを取ることも多い。そのため視

この程度の小滝なら風の影響も少なく、写真のように下流側からのアプローチも可能。風が強くなるほど立ち位置を左右にずらしていくが、同時に巻き返しのポイントなどをつぶさないように注意も必要

昨年、秋田への遠征釣行時に毛バリに出たイワナ

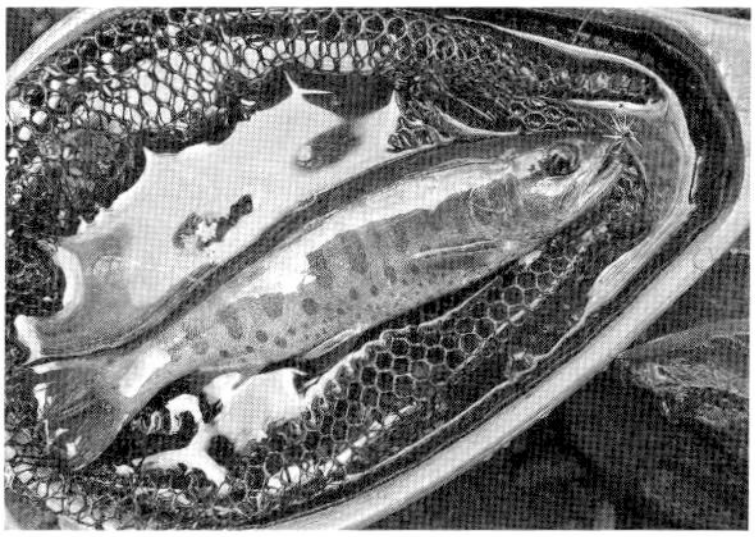

野性味あふれる奥多摩のヤマメ

認性のよい色のラインを使うようにしている。

ただし、太くて目立つラインは魚への違和感も強くなると思っている。そこでハリスの長さを1ヒロ〜2mとり、少しでもラインと魚の距離を離すようなシステムにしている。

【サオ】 長さは使う人の好みにもよるが、大場所を釣る場合には長いほうが有利になる。また、上記のハリスとラインの関係から、重たいラインを飛ばすことのできるバットパワーのあるサオ（胴のしっかりした）を使用するとよい。

水深別・毛バリ編

先に示した2つのポイントに対応するため、大別すると次の2パターンを使用している。

①水深の浅い場所（ヒラキ）にいる魚や、滝壺で流れのゆるい場所に浮いている魚をねらうため、水面や水面直下を自然に流すのに向いている毛バリ。

②水深のある場所を自然に流したり、誘いをかけて釣るのに向いているウエイト入りの毛バリ。

【浅い場所】ゼンマイ胴剣羽根・現代版ハチガシラ

滝とその周辺で、浅い場所や水面付近に魚が浮いているような場合には、これらの毛バリを使用している。

ゼンマイ胴剣羽根は、テンカラの毛バリでは伝統的な材料であるゼンマイの綿毛をボディーに巻き、ミノ毛はキジ一羽から2枚しかとれない貴重な剣羽根を使用して作った毛バリだ。硬い剣羽根のミノ毛は、毛バリのシルエットを崩すことなく流すことができるため、流速のある場所で使うのにも効果的である。

現代版ハチガシラは私のオリジナルで、ハチやアブ、ハエなどを模した目玉を付けている。ボディー材にはクジャク(ピーコックハール)を使用し、陸生昆虫のイメージも持たせた毛バリだ。主にイワナをねらう時に出番が多い。

【深い場所】BH沈み花笠・ウエイト入り逆さ毛バリ

BH沈み花笠は、ゼンマイ胴に柔らかめのキジのミノ毛を取り付けた伝統的なスタイルの毛バリに、真鍮製のビーズを組み込んだもの。水深に応じて、ビーズの重さや材質(より重いタングステン製もある)を変えている。ミノ毛も柔らかいため、サオを操作して毛バリを動かし、誘いをかけた釣りをする場合もある。

ウエイト入り逆さ毛バリは、一般的な逆さ毛バリにレッドワイヤ(鉛線)を適度に巻き込んだものだ。逆さ毛バリはそれ自体沈みやすい性質ではあるが、より深い場所に送り込むことを考え、鉛線をボディーに巻いてウエイトを増している。BH沈み花笠との相違点は、こちらの逆さ毛バリのほうが長く大きなミノ毛を使っているため、サオを操作して誘いの釣りをする場合、魚に対してより大きなアピール効果を生むのではないかと思っている。

使用する毛バリについては人それぞれの好みによるところが大きいと思うが、私の基本的な考え方は、水深(浅いか深いか)と、自然に流すかアピールさせるかによって毛バリを作り分け、どのような条件下にも対応できるように用意している。

深場の釣り方・実技編

【毛バリの着水とラインの送り込み】

流れを読み、水中深くまで引き込んでくれるような所に毛バリを振り込む。そのあと、ラインにテンションをかけたままだと毛バリは沈まずに浮き上がりやすくなるため、サオ先を振り込んだラインの方向に徐々に倒す。こうしてラインにスラック(たるみ)を出しながら、毛バリが自然に波に引き込まれるようにする。

ただ、あまりにもラインをゆるめすぎると、途中で魚が毛バリに食いついた時のアタリが分かりにくくなる。そこで、じわじわとラインが引き込まれるように、ラインのテンションをコントロールする必要がある。

【毛バリを流す】

基本的にはこのようにして、流れに毛

●浅い場所用毛バリ

ゼンマイ胴剣羽根

ハリ……がまかつ・管付き山女魚7号
スレッド（巻きイト）……ユニスレッド6/0 キャメル
ハックル（ミノ毛）……キジの剣羽根
ボディー（胴）……ゼンマイの綿毛

現代版ハチガシラ

ハリ……オーナー・桑原テンカラ３号（ストレートアイ）
アイ……ヘアリグストッパー（カープフィッシング用品３）
スレッド（巻きイト）……ユニスレッド6/0 ブラック
ボディー（胴）……ピーコックハール
ハックル（ミノ毛）……コックサドルハックル・グリズリー

●水深のある場所用毛バリ

BH沈み花笠

ハリ……オーナー・桑原テンカラ3号（ダウンアイ）
ビーズ……ブラスビーズ3/32インチ
スレッド（巻きイト）……ユニスレッド6/0 ライトケイヒル
ボディー（胴）……ゼンマイの綿毛
ハックル（ミノ毛）……キジの胸毛

ウエイト入り逆さ毛バリ

ハリ……オーナー・本流テンカラ5～6号
スレッド（巻きイト）……ユニスレッド6/0 ライトケイヒル
ボディー（胴）……下巻きしたレッドワイヤをスレッドで覆う。ハックルの後ろにピーコックハールを巻く
ハックル（ミノ毛）……キジの柔らかい部分を使用

バリを吸い込ませるようにする。あとはその状態（毛バリを流す水深）を保ったまま、流れと同じ速度でサオ先を上流から下流に移動させる。こうすることで、ラインに余計なテンションがかかって毛バリが浮き上がってきてしまうのを防ぐことができる。

【誘いながら流す】

このように滝（壺）の深い部分を釣るのだが、時と場合によって、毛バリを自然に流しただけでは魚が反応しないことがある。そんな時には、逆さ毛バリのような、動かして誘いをかけることのできる毛バリを使うこともある。ただ強い誘いは禁物で、ラインにテンションがかかりすぎて、毛バリを急速に浮かび上がらせることになってしまう。誘う場合も、深い所で毛バリのミノ毛だけが動くようなイメージで、静かな操作を心がけたい。

【アタリとアワセ】

水深のある場所でのテンカラ釣りでは、毛バリを目で見て、それに食いついた魚をタイミングよく合わせて釣るということができない。見えない場所からの魚のアタリをキャッチし、合わせて釣るという形になるわけだ。

アタリの取り方には2種類ある。ひとつは自分から見えている範囲のラインをよく見て、そのラインが「引き込まれる」「止まる」「浮かび上がる」等の変化が出た時に、サオを立てて合わせる方法だ。もうひとつは、誘いなどでラインにテンションがかかっていれば、魚が毛バリをくわえた時に手元までアタリを感じるので、そこで合わせる方法がある。

いずれの場合も、ハリス、ラインともに水中深くまで入っている状態で合わせることになるので、がむしゃらに力強くサオを跳ね上げてもうまくいかないことが多い（手首のスナップを使ったアワセ）。ラインが受ける水の抵抗で、ハリ先まで力の伝達がスムーズにいかないことが原因だろう。

このような場合には、ラインの水中への入射角度を考え、水の抵抗がかからないように、ラインが水に入っているのと逆方向に引っ張るようなサオ操作をするとよい（腕全体を後ろに動かすストロークのアワセ）。

実釣エピソード

仲間と2人で奥多摩の日原川の支流に入った時のこと。いつものように釣り上がり、最後の場所となる滝が目の前に現われた。短い支流で、滝もそれほどの規模ではないため魚のアベレージサイズは大きくないが、遡上してきた個体がこの場所で止まることは明確である。そのためこの場所では、いつもじっくりとねらうことにしている。

先行していた私がサオをだし、滝壺の左側にある反転流から出ている底波に毛バリをしっかりと沈めて流す。するとすぐに8寸ほどのイワナが釣れた。そこで同行者にバトンタッチする。

この時の同行者もそこそこテンカラをやっていた。立ち位置もキャスティングも問題ない。ただ、いまひとつ底波に毛バリを流すということができなかったようで、反応がないとのことだった。
かなりの回数毛バリを振り込んでいたが、「雰囲気的にはもう1尾くらい出そうだけれど」と言葉をかけて交代する、ふたたび私が同じ場所に入り、先ほど魚が釣れた時と同じように毛バリを流すと、1投目で先ほどと同寸のイワナが釣れた。「あれだけ流したのに」と、同行者は頭を抱えてうずくまってしまった（笑）。

同じレーンを流していても、魚のいる深さまで毛バリが届いていなければ反応はない。この時の例のように、水深のある滝壺を釣る場合には、いかに魚の付いている深さまで毛バリを送り込むことができるかということが重要な課題となってくるわけである。

滝を釣る場合に重要なことは、テンカラのシステムで、どうしたら深い場所を少しでも長く探れるかということになると思う。振り込みにくい立ち位置、風圧や強い流れで毛バリの操作が難しくなる状況、これらのことを踏まえてそれに対応できる道具を準備し、滝での釣りをやってみよう。

新緑の渓流を軽快に釣り上がる。滝に近づくにつれて期待感も高まる

Bait Fishing

滝壺は底を釣れ。大オモリ食わせ釣法

文・戸門　剛

仕掛けは流さずポイントを直撃。滝壺の釣り切られていない深み＝誰もがサオをだす場所の「サオ抜け」から大イワナを引きずり出す。

信濃川水系清津川の支流、釜川の七ツ釜。ヌシの気配が濃厚な滝壺が次々に現われる名勝

細イトに極小オモリと小さなハリで「より自然にエサを流す」。これが昨今の渓流釣りの主流だとすれば、僕の釣り方はまさに時代錯誤なのだろう。1〜1・5号のナイロン通しに1号（3・75g）オモリを2〜3個背負わせ、10号のヤマメバリを結ぶ。そしてオモリとハリの間を50〜100㎝と長くとる。エサは解禁時からずっと極太のシマミミズ（梅雨以降はドバミミズを主に用いる）。

「一体何を釣る気なの?」と首を傾げるほどの太仕掛けだ。しかし僕の場合、沢などの細流でもシーズンを通じてこれを下回ることはない。

この仕掛の最大の利点は、軽いオモリでは決して探りきれない核心部の攻略が可能になること。降雨後や雪代の頃などの気象的な増水時はもちろんだが、川には常に釣り人を寄せ付けないポイントがある。その筆頭が滝壺だ。

滝壺といえば誰もがねらう場所の代表格。ゆえに「滝壺に大ものなし」なんて言葉もちらほら耳にする。だが本当に皆

ナイロン1〜1.5号のイトに目印は昔ながらの矢羽型。視認性がよい

食わせ釣りに使うオモリ。佐藤金属工業「作秀印」1号を数珠状に4個5個と付け、滝壺を直撃する

尺イワナ。しかし、まだまだ大きな型が潜んでいるはず

エサはドバミミズ。近所の畑で〝飼っている〟もので梅雨明け以降はメインで使用。付け方はごらんのようにハチマキから刺し、ハリのフトコロ部分に引っ掛ける感じ。匂いと動きが強烈だ

が探りきれているかといえば、必ずしもそうではないだろう。滝の落ち込み、渦巻くような流れの直下。仕掛けを投入しても一瞬で流されてしまうそんなポイントにこそ、大ものは息を潜めている。

太仕掛けで「ねぐらのイワナ」を誘いだす

僕の父（秀雄）いわく、「食わせ釣り」。我が家の常連さんたち（実家は釣った魚や山菜などを出す郷土料理店を営んでいる）から、店名を冠した「ともん釣法」と呼ばれるこの釣り方は、仕掛けも単純なら操作もいたって単純だ。

まず、「流し」の行程を省いてポイントにエサを直接投下する。表層の激しい流れを突っ切り、緩流帯まで一気に沈め、オモリが「コトッ」と川底を叩く感触を得たら軽くサオを上げ、またサオを下げる。オモリがフッと底を離れふたたび底に着くまでの1行程は、水深によるが約2秒間隔。この上げ下げでエサは自然な浮き

大オモリの食わせ釣りが威力を発揮するのは、もちろん滝壺だけではない。滝の前後にある大淵にも強い

沈みを繰り返し、滝壺に潜む魚への絶好の誘いとなる。

食事時でなくても、手が届くほど近くに旨そうなものがあって我慢できる者はそういない。まして彼ら、魚には手がない。それがいらだちからでも、気になれば口を使わざるを得ないわけだ。

さてアタリの出方だが、誘い動作の中でサオを軽く上げた時、つまりオモリが底を離れた時に、魚がきていれば「コツ、コツ」と手に響くはずだ。これが尺超えなら「ゴツ、ゴツ」というふうに。

このアタリに対して、あわてて合わせてはいけない。エサは大きく、確実に取り込むためには、アタリを感じてから10秒ほどは間を置く。オモリ下の長さのおかげで、魚は違和感なくエサを飲み込んでくれる（これはイワナだけでなく、大場所であればヤマメ・アマゴでも同様だ）。はやる気持ちを抑えつつ、満を持して合わせる。水面に突き刺さるサオ先を目に、確かな感触を味わいながら、あとはじっくりと取り込めばいい。

現在32歳になる僕だが、この「食わせ釣り」を覚えたのは小学3年生の頃。夏休みに家族で来た長野県千曲川上流。今も変わらず人気のコースだが、あの日も川縁にはいくつもの足跡があった。

そこで生まれて初めて渓流釣りをした。父にサオの操作を手伝ってもらいながらも、わずかな区間で釣果は12尾。なんと尺イワナまで飛び出す快挙を成し遂げた。嬉々として帰宅後すぐに書き上げた作文が担任の先生の目にとまり、入間市の児童文学作品集「茶の花」に掲載されるというおまけまで付いた。

あの日の感動と興奮が、僕を今も足繁く渓流へと通わせている。恋人は相変わらずイワナとヤマメで、お客さんには「お前は陸の釣りはさっぱりだな」と呆れられている。

自分なりに研究を重ね、後に食わせ釣りの極意は「出のイワナ」だけでなく、「ねぐらのイワナ」を誘えることに気付いた。前者は日々、多数の釣り人にねらわれ続けているために、よほど好条件の時でもなければ型は小さいのが常だ。しかしイワナは岩魚の字のごとく、本来は大岩の陰に潜むもの。そういう場所で自ら出向かず、エサが鼻先までくるのを待ち構えているヤツは型がよい。

食わせ釣りは滝壺に限らず、大多数の釣り人が通り過ぎるような押し（水勢）の強いポイントも探れる。つまり、ほとんど競合しないサオ抜けポイントを拾い釣りできるのだ。現に僕のホームグラウンドである奥秩父などは、「魚より釣り人が多い」と揶揄《やゆ》されるが、この釣り方で釣果をあげられることが多い。

食わせ釣りの要点

よいことずくめに思える食わせ釣りだが、続いてはその問題点について。第一に止水ポイントには不向きであるということ。特に渇水期、鏡面のようなトロ場でこの釣り方をしようものなら、魚は一目散に逃げていく。

もう1つは、操作に慣れるまでは頻繁に根掛かりを繰り返すであろうこと。サオの上げ下げを忘れると、本当にあっという間に根掛かりしてしまう。押しの強い場所では当然といえば当然なのだが。打開策は、オモリをしっかりと固定せず多少緩めに付けておくこと。こうすると仮に根掛かりしても、オモリの位置がずれ

滝壺のポイント概要

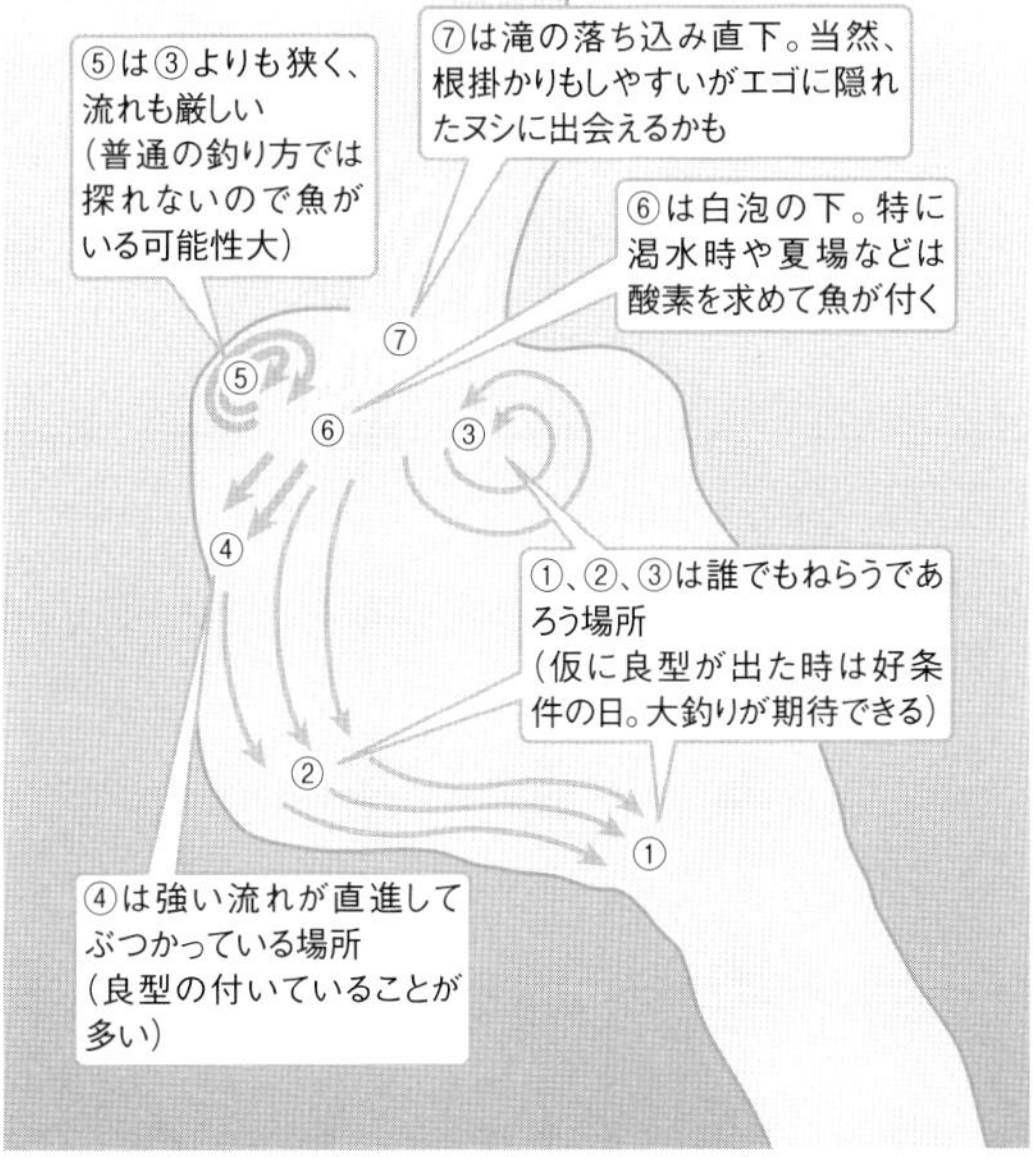
⑤は③よりも狭く、流れも厳しい（普通の釣り方では探れないので魚がいる可能性大）
⑦は滝の落ち込み直下。当然、根掛かりもしやすいがエゴに隠れたヌシに出会えるかも
⑥は白泡の下。特に渇水時や夏場などは酸素を求めて魚が付く
⑦
⑤
⑥
③
④
①、②、③は誰でもねらうであろう場所（仮に良型が出た時は好条件の日。大釣りが期待できる）
②
①
④は強い流れが直進してぶつかっている場所（良型の付いていることが多い）

滝壺の釣り方イメージ

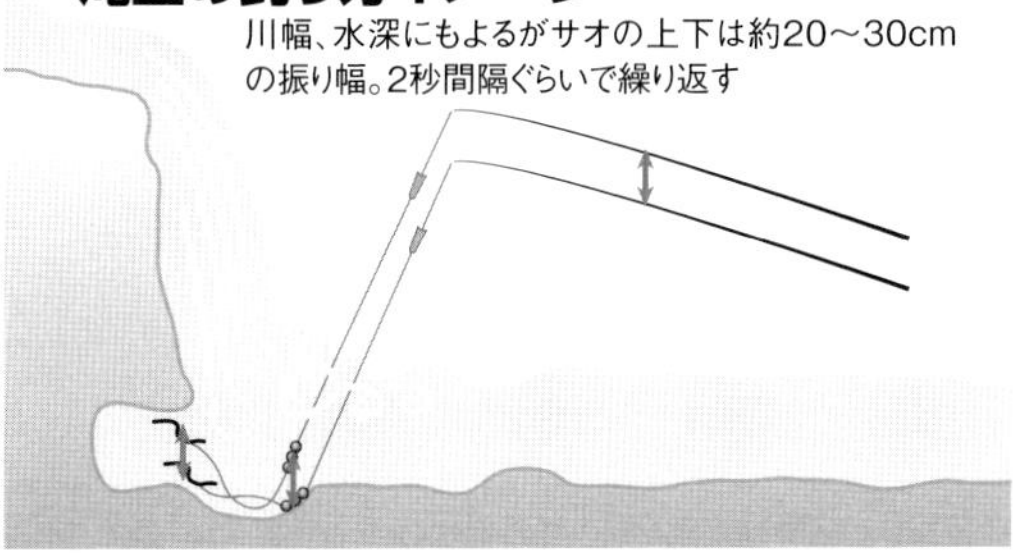
川幅、水深にもよるがサオの上下は約20〜30cmの振り幅。2秒間隔ぐらいで繰り返す

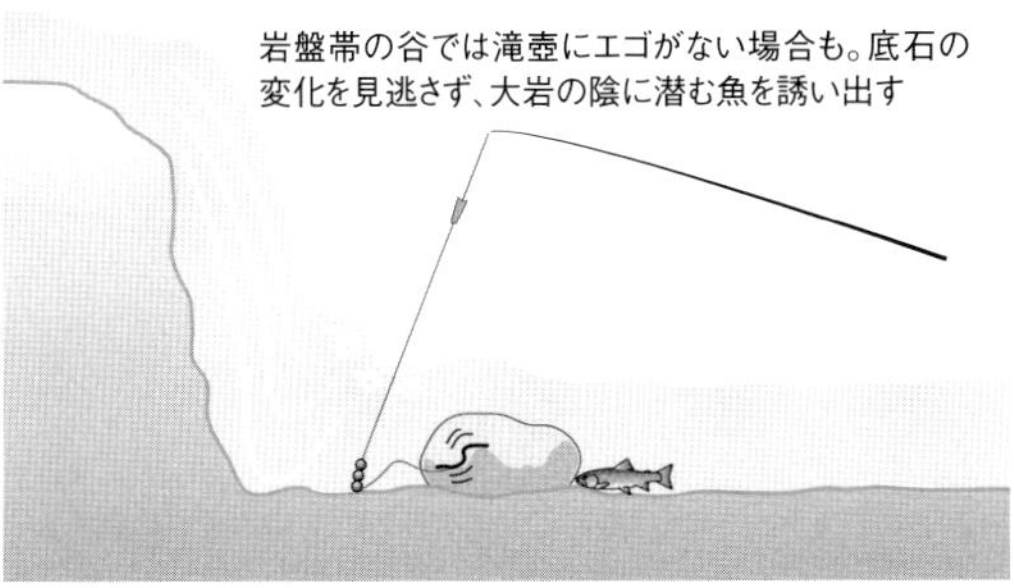
岩盤帯の谷では滝壺にエゴがない場合も。底石の変化を見逃さず、大岩の陰に潜む魚を誘い出す

じっくりと食わせの間を取って合わせると、魚体をゴンゴンとよじらせて抵抗する。サオの節を縮めて距離を詰める。緊張の一瞬

て外しやすく、仕掛けを無駄に失わずにすむはず。僕自身も1回の釣行で、根掛かりしても一、二度で納まっている。

そして最後はサオの問題。時に総重量20g以上の大オモリを乗せる釣り方に、対応できる渓流ザオは少ない。父はかつてアユザオを代用していたらしい。その不満を解消すべく開発されたのが、ダイワの中継ぎ渓流ザオ「碧羅《へきら》」シリーズだ。張りの強い穂先は大オモリを乗せても負けず、感度もよい。滝壺以外に、堰堤下のエゴなどの大ものでも自由に遊ばせず引き寄せることが可能だ。

現在は、さらにパワーを増した新ザオ「エキスパート　碧羅」が出ており、僕はこのプロトタイプを使い続けている。2016年シーズンも、4月末時点ですでに40、45、40・5㎝のイワナを始め、いくつもの尺超えを仕留めたが、サオには一切の狂いがない。

最後にもう一度、食わせ釣りの要点を整理してみよう。

・大オモリは急流に負けずに仕掛けを緩流帯まで沈めきるためのもの。
・太イトは大オモリの負荷に耐えるため。
・オモリ下が長いのはエサの自然な浮き沈みを生み、魚に違和感を与えずにエサを飲ませるため。
・エサの大ミミズは、繰り返す誘い動作に負けない耐久性と、魚へのアピール力のため。
・一度ポイントに仕掛けを投下したら、サオを上下に常に誘いを掛け続け、アタリが出たらあわてずしっかり飲ませるべし。

前時代的すぎるこの仕掛けと釣り方も、理由があってのことなのだ。

僕が足繁く通う埼玉県の奥秩父や新潟県魚野川水系、長野県天竜川水系などの渓は、とかく滝が多い。それぞれの滝壺は誰もが探っているとみえて、足跡も数限りない。でもやっぱり、滝壺で大ものを釣るのは渓流釣りファンのロマンだ。

「底も見えない流れの奥に、数多の釣り人から生き延びたヌシがいるはず」。そう胸に秘めてサオをだすあの瞬間のドキドキは、きっと体験した人間でないと分からない。食わせ釣りでの滝壺攻略が、皆さんの渓流ライフにさらなる大ものを出会わせてくれることを願っている。

イワナが大きくなればなるほどエサのドバミミズが効く

Fly Fishing

渓魚が浮く捕食時が絶好のタイミング

写真・文　曳地弘成

水深のある滝壺では、ウエットやニンフも有効な選択肢だ。しかし、やはりドライフライで広い水面が割れる瞬間を見たい。

9月最後の日、魚止の縁に張り付くようにいたイワナ

イワナやヤマメ（アマゴ）は子孫を残すために、本能でよりよい餌場や隠れ家を求めながら増水の度に移動を繰り返している。その行動を阻む代表的なものが、大なり小なりの滝だ。滝は魚止とも呼ばれ遡上の障害になる一方で、水深のある滝壺はよい隠れ家やエサ場でもある。

釣り人にとって、滝は必然的に大ものへの期待を膨らませ、誰もがサオをだしたくなる。そんな1級ポイントをフライフィッシングでねらう絶好のタイミングは、イワナやヤマメが捕食のために水面近くへ浮いている時だ。

私のホームグラウンドの東北の渓を例にすると、最初のタイミングは、山が芽吹き始め、一気に雪代が落ち着き水生昆虫の羽化が盛んになる5月下旬から6月上旬。時間帯は午前11時くらいにハッチが急激に盛んになるように思う。

梅雨を過ぎると日を増すごとに川は渇水となり、乱舞していたカゲロウやカディスはほとんど見なくなる。この時期は雨が重要な要素となる。増水で移動してき

たイワナ、ヤマメは警戒心などが一度リセットされ、雨で木の枝や葉に止まっていた陸生昆虫が流されてくるので、ここぞとばかりに捕食体勢に入る。

ただ、今までの経験上、雨の降り始めは遡上の意識が強いせいか、あまりよい釣りをしたことがない。滝を乗り越えようとして必死に飛び上がる大イワナを、指をくわえて見ているのが関の山だったりする。雨が止み、平水に落ち着くほんの少し前がベストタイミングだ。

8月中旬を過ぎると、イワナ、ヤマメは一雨ごとに産卵床を求めて本格的に遡上を開始する。この時は荒食いの傾向があり、大型のテレストリアルパターンが効果的なように思う。

イワナ攻略法と注意点

滝に潜むイワナを釣る時のポイントは、基本どおりに流れ出し、その先のカケアガリ、両サイドのヘリ、流心脇、流心、両サイドの巻き返しと順番にねらっていく。その中で私が特に重要視しているのは、以下のようなことだ。

①できるだけ遠くからポイント全体を見渡してイワナを見つける

渓流ではイワナが浮いていることが多々ある。そのため、相手を警戒させないギリギリの所から先に見つけること。ヤマメとの混成域では、発見した時点で魚種も判断する。

②滝からの流れ出しのポイントに近づきすぎない

私はどんなに水深が浅くても、流れ出しに不用意に近づかないようにしている。流れがそこに集約され、当然エサが流下する頻度も高く、活性の高いイワナはこのポイントで果敢に捕食していることが多いからだ。

エサが流れていない時間帯でも、流れ出しには見張り役のようなイワナがいて、これを驚かせてしまうと警戒心の強い大イワナは静かに沈んでしまう。

③魚を掛けたら静かに素早く取り込む

流れ出しに付いているイワナを掛けたら、ロッドティップを下流側に向け、上流に走られないようにコントロールしてできるだけポイントを荒らさないようにしたい。可能であれば滝よりも下流側でキャッチする。

④流心脇や流心、巻き返しをねらう時にキャストしすぎない

イワナの場合、大きい順に並んでいることが少なく、一番よさそうな所に小さいイワナがいたりする。そのためキャストしすぎると、大ものの上流にいたイワナを掛けてチャンスを潰してしまう可能性もある。またヒットしたイワナに別のイワナが付いて来ることもある。

これらのことから、滝を釣る際にはポイントを刻むことが重要になる。イワナが付いてきた場合は、③で記したように取り込むことで、静かに戻って行くか、そのまま下流へ泳いで行くかのどちらかになる。

⑤サオ抜けをねらう

一通り手前から順番に釣った後は、サオ抜けになりそうなポイントを積極的にねらう。たとえば水深が浅くほとんど流れていないような所や、滝の落ち口の壁面ギリギリ、流木が折り重なっているような障害物の周りなどだ。

ヤマメ攻略法と注意点

滝に潜むヤマメを釣る際の最大のキモは、ヤマメを見つけることだ。そして浮いているか浮いていないかでアプローチを変えていく。雨や曇りの日は、ハッチや流下があれば浮いていることが多い。

●浮いている場合

ヤマメはイワナと違い、ボーッと浮いていることがほとんどなく、浮いている時＝捕食体勢に入っている。そのため流心やカケアガリといった、エサを捕食しやすい所や水通しがよい所にいることが多いようだ。

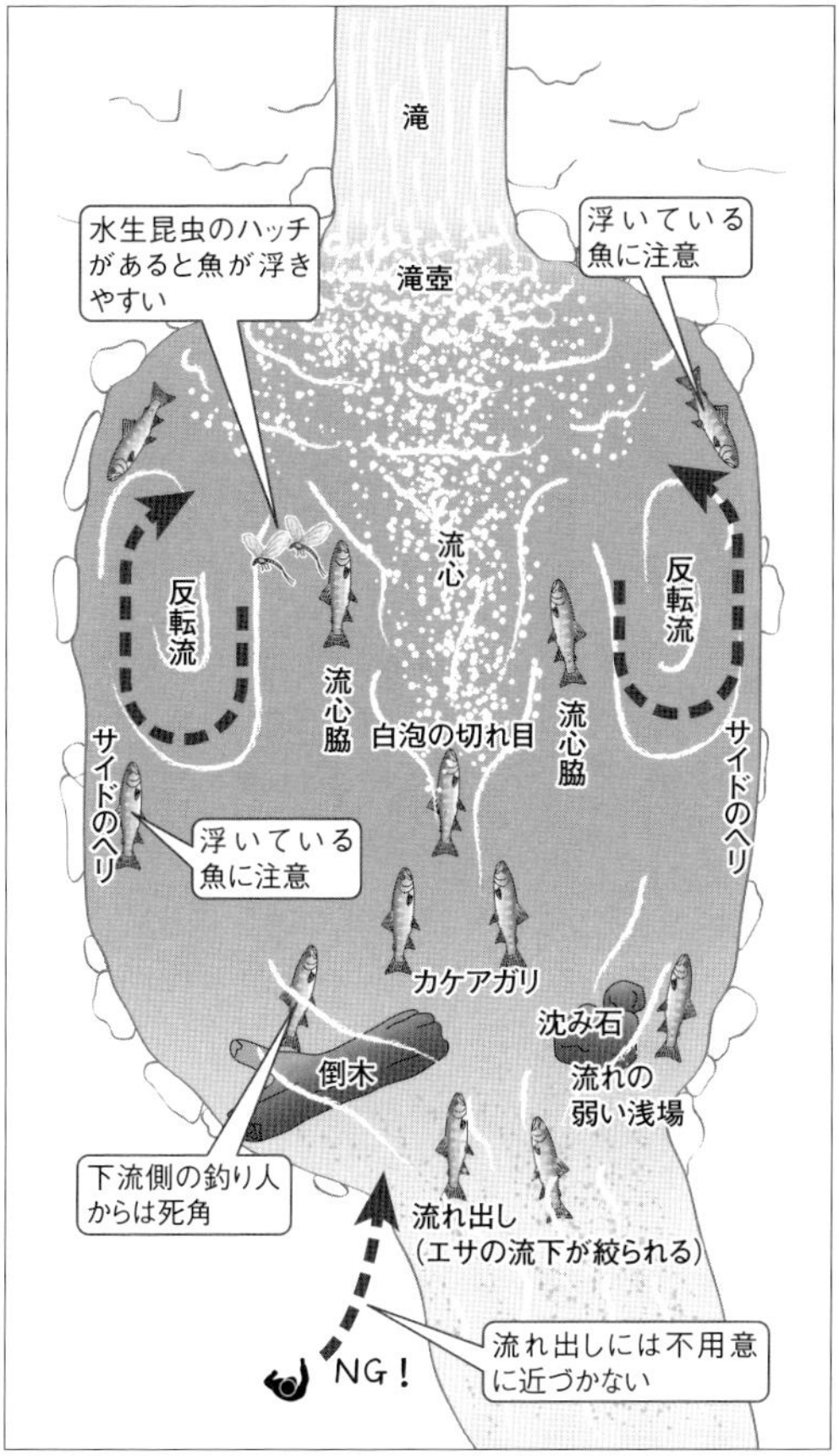

ヤマメはライズを頻繁に繰り返している状況でも警戒心は強く、上空を飛ぶラインや人影、物音などですぐに沈んでしまう。私は次のような順番で攻略している。

①最短でも8mは離れる

ライズしているヤマメに対して、自分がキャストコントロールできるギリギリの距離を保つ。この時に近づきすぎは厳禁だ。立ち位置はヤマメから斜め45度の下流辺りがベスト。

②ライズの状況を確認する

ヤマメが何を捕食しているのか、どのタイミングでライズをするのかなど、できるだけ多くの情報を把握する。捕食物を確実に把握できた場合はそれに近いフライを結ぶ。そうでない場合は、#16以下の小さなフライを選ぶようにしている。尺を超えるようなヤマメは、ドルフィンライズでやる気満々の状況でも、#12くらいのパラシュートパターンなどを不用意にキャストすると、一瞬でスプークされることがあるからだ。

　小さなサイズのフライパターンは、ソフトプレゼンテーションすることで、一発で決まらなくてもチャンスをつぶさずにすむ。

③フォルスキャストは必要最小限に

　1回か2回以内のフォルスキャストで、ライン軌道がヤマメの上を通過しないようにずらして行なう。ポイントや周囲の状況で難しい場合は、シュート時のみ上を通過させるが、それでも極力プレッシャーを与えないように気を付ける。この時、最低限のスピードでキャストをする。速いフォルスキャスト、シュートは警戒心を与えるので厳禁だ。

●沈んでいる場合

　ヤマメは一番よい場所にいることが多く、浮いていない時でもよく底付近や中層を泳ぎながらエサを捕食している。そのため、ドライフライで釣る時は相手にフライを見つけてもらうことが一番大切になる。私は次の一点だけを注意して攻略している。

【フライを流す距離を長くする】


　水量にもよるが、#12〜14のフライを白泡の辺りに落とし、流れ出しまで流し切るくらいの気持ちでドリフトさせる。水深が深ければ深いほど、上流に落とすことで、ヤマメがフライを見つけてから浮いて来るまでの時間を与えてやる。

　百戦錬磨のヤマメはすぐに捕食体勢を取ることは少なく、フライに付いて一緒に下りながらようすをみることが多い。そのため、ロングティペット・リーダーでナチュラルドリフトの距離を稼ぐようにしている。

　それ以外のアプローチやフォルスキャストなどについては、浮いている時と同じように行なっている。

挿話〜記憶に残る滝の釣り

　フライを始めて間もない頃、川もまだあまり知らず、以前にエサ釣りで何度かよい思いをしたことがある小渓流に行った。湖に流れ込む川で、インレットから3㎞くらい上流に滝があり、9月の大雨の後にミミズで35㎝くらいのイワナを釣ったことがあった。それ以外の時期は25㎝くらいのイワナがポツポツ釣れる程度だ。

　この時は7月ということもあり、8〜9寸のイワナが釣れればいいなと思いながら#14のパラシュートパターンを結び、滝の少し下流から釣り上がった。ところが木の枝に引っ掛けたり、石に付いているコケに絡まったり、トラブル続きで全く釣れずに滝まで来てしまった。

　滝の釜はそれほど大きくはないものの、大きな沈み石があり、いかにもよさそうなポイントになっている。しかし、ちょうど日が当たり、逆光でフライが見えにくい。ここまで全く釣れていなかったこともあり、何も考えずにフライをキャストした。ちょうど沈み石の辺りでフライが消えたように思い、合わせると適度な重量感を感じる。あわててラインを手繰り寄せ、ネッ

秋田県皆瀬川の源流部。ナメ滝からの流れ出しに尺ヤマメが時折姿を見せていた

6月下旬の雨の日、タイミングを見計らって出した尺ヤマメ。読みどおり11時頃からハッチが盛んになった

滝と呼ぶにはおこがましいが、渇水期には渓魚の遡上を止めるには充分な大きさ。周囲の水深は浅く、流れの上には木の枝が張り出す。アプローチが結果を大きく左右するポイント

トに収めようと思った瞬間、とてつもなく大きなイワナを掛けていたことに気付いた。口は私の拳よりも大きく、子供の頃に雑誌で見た、八久和川の潜水艦のようなイワナが私のフライをくわえていた。

その姿を見た途端パニックになり、「早くキャッチしたい」という気持ちが先走り、強引に抜き上げてしまった。その瞬間、無常にも、いや当たり前にティペットが切れ、裏磐梯の潜水艦は沈んで行った。

恐らく大雨で湖から遡上してきてそのまま居着いたイワナだったのだろう。未だに未練は残るが、私に経験の少なさを教えてくれた貴重な1尾だった。

フライパターン

滝をねらう時にフライで心がけているのは、視認性がよく、回転しにくいパターンを選択することだ。滝の爆風を受けながらロングキャストするシチュエーションが多く、コントロールが悪くなることと、通常よりもラインスピードを速くせざるを得ない時がある。そのため、エルクヘア・カディスやスタンダードパターンなどの空気抵抗を受けやすいものは極力使用を控えている。その点を除けばハッチ状況や季節に応じてフライを選択している。

●イワナねらいで使用する主なフライ（または沈んでいるヤマメ用）＝アダムスパラシュート#10、12／CDCカディス#12、14／CDCライツロイヤル・パラシュート#10、12／パラシュートアント#12、14／ラバーレッグパターン#10、12など。

●浮いているヤマメを釣る時＝CDCカディス#16／アントパラシュート#14、16／CDCダン#14、16／スパイダー#14など。

タックルシステム

ロッド＝大イワナや尺ヤマメねらいの滝の釣りでは、次のような特徴を備えたロッドがほしくなる。

・強烈な引きに負けないバットパワー。

ラバーレッグパターン
フック……♯ 10
スレッド……ユニスレッド 6/0
アブドメン……TMC エアロドライウィング・インセクトグリーン
ソラックス……ピーコックハール
バック……ピーコックハール
リブ……ファイン・コパーワイヤ
レッグ……ラバーレッグ
ウイング……TMC エアロドライウィング・ファイン・フローセントピンク
ハックル……ブラック

CDC カディス
フック……♯ 16
スレッド……6/0 ユニスレッド
ボディー……ヘアライン・スーパーファインダブ・ラスティー BR
リブ……ファイン・コパーワイヤ
ウイング……CDC ナチュラル
ハックル……コックデレオン・ヘンネック

フェザントテイル
フック……♯ 10
スレッド……6/0 ユニスレッド
テイル・アブドメン・ウイングケース……フェザントテイル
リブ……ファイン・コパーワイヤ
ソラックス……ピーコックハール

大雨の影響で濁りが入っていたところを
＃10 ラバーレッグで掛けた 36㎝イワナ

・爆風に負けずロングキャストでき、大きなフライをコントロールできるスムーズなテーパー。
・ロングレンジで強く合わせても衝撃を吸収してくれるしなやかなティップ。

これらに加えて、高巻やヘツリといった滝ならではの環境を考慮し、私はベストに収納できるパックロッドを使用している。

●私のタックル

ロッド＝カムパネラ×WILD―1 ストリームトレッキングSP 7フィート5インチ#3（6ピース）。

リール＝HARDY フェザーウエイト。渓流や源流では危険な箇所もあるので、とにかく丈夫なインスプールのリールをセットしている。

フライライン＝SA マスタリーテクスチャアドLDL DT―3F サーフ。滝は多くの釣り人がねらうプレッシャーの高いポイント。なるべく魚に警戒心を与えないように、空に溶け込む色のラインを選択。

リーダー＝フジノ ウルトラロングリーダー14FT5、6X。kty SSリーダー14FT5、6X。ロングドリフトが可能で、なおかつフライコントロールがしやすいようにテーパー部分が長い設計になっていること。

ティペット＝kty スーパーストロングティペット5、6、6・5X。複雑な流れでもドラッグが掛かりにくいしなやかさ、大ものの引きに耐えられる強度、こすれにも強いことを重視。素材はナイロン。

ニンフの釣り

低水温や濁りなどでドライフライでは釣りにならない時、私は希にニンフで釣ることがある。その際、マーカーを2つ付ける。滝のポイントの流れは強く複雑で、フライの位置をイメージするのが難しい。マーカーを2つセットすることでかなり容易になる。

フライは#10のフェザントテイルや、ヘアズイヤーといったパターンが主だ。シンカーは状況に応じてBから6号を使い分ける。

Lure Fishing

ルアーならではの距離感を生かして、静かに、正確に

文　反町工健
写真　浦　壮一郎

本流エサ釣り、テンカラ釣り経験者の視点で語るルアーフィッシングの利点と弱点。それらを踏まえたうえでの大イワナ対策とは。

滝からヒラキまで距離があるこのような場所でも、ルアーならこの位置から滝の落ち込み付近まで探ることが可能だ。そのぶん釣り人の気配を魚に察知される心配が少ない

エサ釣りの方は突然目の前に現われた大きな滝を目の当たりにして、「もう少し長いサオを持ってくればよかった」と思った経験はないだろうか。しかし、本流で活躍する長ザオは仕舞寸法も長く、持って行ったとしても、かえって遡行の邪魔になることもしばしば。また、なかには長ザオでも太刀打ちできないような広さと深さを持った滝壺もある。

そんな滝の瀑布を浴びながら何も出来ずにいるのはもったいない。今はルアーをメインに渓流釣行をする私も、かつてはエサ釣りでそのような滝を前にモヤモヤしていた経験が多々あった。

「どうにかして釣ってみたい」という気持ちが先走り、無理をして滝に近づきサオをだすのだが、それは危険を伴う行為でもあった。「もう少し、あともう少し、そうすればよい場所に仕掛けが届きそうだ」と一歩ずつ岩をヘツリながら前進して、気が付いたら引き返すのに苦労したことや、滝壺を直下に見下ろす場所でやり取りをしながら滑落したこともあった。幸いにも

大怪我には至らなかったが、ヒヤリとしたことはたくさんある。

このような経験から、私は仕舞寸法が短いテレスコピックや小継ぎタイプのルアーロッドを携帯するようになった。そして、渓流ザオでは届かない滝のような大場所では、ルアーロッドに切り替えてねらい始めた。遡行時は渓流ザオ同様、ザックに入る寸法という便利さも相まって、二刀流で望むことが多くなった。

ルアーロッドに組み合わせるリールには、ベイトとスピニングがある。ベイトリールはイトフケを出さずにルアーを着水できるので、ルアーを打ち込んですかさずバイトに持ち込めるなど、手返しのよい釣りができる。その反面、扱いには多少の慣れが必要だ。一般的には、渓流ではスピニングリールを組み合わせたタイプのものが馴染みやすい。

ちなみに、双方のリールとも水没しても大丈夫な設計だが、構造は精密機械そのもの。砂や砂利には気をつけたい。少しでも異物が進入してしまえば、スムーズな回転が損なわれて分解清掃しないと機能が復活しないこともある。万が一、現場で使用不能になれば残念このうえない。不用意に砂地の河床に置かないように注意して、遡行中や使わない時はジップロックなどに入れておきたいものだ。

エサ釣りメインに遡行される方も、大場所用にテレスコピックのルアータックルを持って行けば活躍する機会は多いと思う。しかし、ノベザオでは届かない場所へルアーが飛んでいったとしても、必ず結果が出るわけではないのが釣りの難しいところ。ルアーは確かに大型も含めて釣果を期待できるのだが、弱点もある。ここでは、エサ釣り、ルアーフィッシングと双方の経験から感じたことを、自分なりに解説してみたい。

滝は手前から、滝壺は表層から順に、静かに正確にねらっていく

最初に、滝のどこからルアーをアプローチするのか。私はまず滝壺からではなく、流れ出す出口をねらっている。通常ヒラキになっていることが多く、徒渉場所として考えられがちだが、ここに良型がいることが多い。滝の出口は捕食物となる水生昆虫なども集まってくる所でもあるので、魚にとって都合のよい場所だと感じている。仮に水深が膝下ほどでもかなりの大型がいることもある。

たとえばそのような場所を6mクラスの渓流ザオでねらうとなれば、接近しすぎて渓流魚の視界に入ってしまわぬように、細心の注意で望むはず。一方ルアーの場合は、渓流魚にある程度距離を置いた位置からアプローチできることで、そこにいる1尾を手にできる可能性はより高くなると感じている。この距離感がルアーの利点だと思う。

そして滝壺へのアプローチだが、いきなり底へ沈めるやり方は、水面を意識している渓流魚にとってルアーが不自然な落下物に見えるのか、警戒されてしまうようだ。滝のような場所でも渓流魚は比較的浅い層で捕食待機していることが多い

シンキングミノーは5gを多用（フォレスト「iFish FT50S」）

写真のロッドは4フィート11インチ2ピース。源流釣行では小継ぎやテレスコピックのような伸縮タイプのロッドが携行に便利。リールに巻くラインは視認性のよいPE0.4号に、リーダーとしてナイロン8～14ポンドを50～70cm接続（渇水時などでは1m20cmまで伸ばすことも）

5gでレンジキープできない深場は5.5gにウエイトを上げる。エリアタイプのルアーのため、フックは太軸に変えて使用（フォレスト「iFish AT 50HW」）

ボトムねらいのスプーンは、渓流では重量級となる8g。滝壺攻略に威力を発揮する（フォレスト「MIU」

水面用にトップも用意しておきたい。小型のセミルアーが大ものに有効な場合もある

と思う。

かなり水深がありそうな滝壺でも、落下する水が底から吹き上がって水面に向かう流れや、流れが巻いてゴミ溜まりのようになっている場所には、水生昆虫や陸生昆虫も集まりやすい。まずはそのような流れに絡めながら表層を意識したアプローチから始めている。

次に底付近をねらう時は、アクションを主体に反射食い（リアクションバイト）を意識したアプローチに重点を置く。たとえば底で待機しているイワナがいたと仮定した場合、少々派手にルアーを動かすことで食い気にスイッチを入れることもできると思う。また食い気がないにしても、ルアーがテリトリーを侵入したと認識して、闘争心から口を使って追い払うこともあり、それがバイトに繋がるケースも考えられる。

着水後は、エサ釣りではおおむね投入した仕掛けを流れに任せて流すが、ルアーは飛ばして巻いて泳がせ、時にはアクションさせるため、エサよりもアピール度が

高い。これは最大の利点でもあるのだが、弱点でもあると感じている。キャストを繰り返す度に食欲や闘争心よりもルアーの不自然さが上回れば、渓流魚の警戒心は増してしまう。そのためエサでは粘った末の釣果も期待できるが、ルアーでは一発勝負の感が強い。したがって闇雲にキャストをせずに、ルアーを引く（トレースする）段取りをあらかじめ決めてから望みたいものだ。

また、滝のような大場所でもピンポイントでルアーを送り込むキャストの正確さが必要だ。しかも、静かにルアーを着水させることで警戒心を軽減させることができると感じている。

ポイントと思われる場所にルアーが着水すれば、魚はその音や波紋にびっくりして口を使わなくなることが多い。季節によって落下する昆虫を捕食するパターンになった場合は、ある程度の音や波紋は効果的だと思うのだが、基本的には逆効果と考えているので極力静かにルアーを着水させることを心がけたい。

ちなみにキャストスタイルでいえば、オーバーヘッド（頭上から振り下ろす）よりもサイドキャストのほうが自分の目線以下からルアーが飛んでいくため、着水音を抑えられる。また渓流域では、頭上や水面に覆いかぶさる木などを避けてキャストをしなければならない場所が多く、サイドからルアーを飛ばしたほうがトラブルも少ないと思う。

さらに、着水する手前でリールから放出されるラインに軽く指で触れてブレーキをかけながら着水させる。フェザーリングという静かなアプローチが可能になる技術だ。これらは繰り返しによる慣れで上達するので、徐々に正確さが増してくるはずだ。

ルアーはシンキングを中心に

渓流域で使う代表的なルアーはミノー、スプーンの2種類が挙げられる。双方とも、それぞれ同形状に見えてもメーカーによって泳ぎ方やコンセプトが異なるうえ、色やサイズ、重さの違うものなど多種多様である。選択肢が豊富にあるため、どのルアーを選択してどう演出するか、アプローチをどのように構築して1尾をモノにするかなどのプロセスには、エサ釣りとは別の楽しさもある。

たとえばミノーやスプーンをオーソドックスに巻いてアタリを待つほか、弱った小魚を演出するようにフローティングミノーをユラユラ泳がせて食い気を誘ったり、シンキングミノーやスプーンをキビキビと演出させてリアクションバイトを誘うなど、さまざまな演出スタイルが考えられる。ただし先にも述べたように、ルアーを流れに通す度に渓流魚は警戒心を抱くので、エサ釣りのアプローチよりも見切られるスピードは早い。より的確なアプローチが求められるということに変わりはない。

イワナがルアーから受けるプレッシャーの考察

ここで記憶に残った滝の釣りを回想し

滝の落ち込み直下の反転流に浮いていた40㎝クラスの大イワナ。このようなケースは珍しくなく、そのためにもまずは表層から探っていきたい

てみたい。初夏に差しかかる頃、群馬県片品川水系に釣行した時、ある滝で悠々と泳ぐイワナを見たことから始まる。40㎝ほどのイワナは、水面に浮かぶ羽化した水生昆虫を捕食しているのか、時折ライズしていた。私は岩の上から見下ろしながらフカセ仕掛けにブドウ虫を付けて水面へ落とすのだが、イワナのいる流れは対岸寄りのため、仕掛けはうまく届きそうになかった。回り込んでサオをだそうにも対岸は切り立つ岩で、とても無理だ。

そこで滝の下流側へと戻り、ルアータックルに替えてイワナが泳いでいる方向めがけてキャストしてみた。ルアーは茶色系のスプーン3㎝3gほどだったと記憶している。スプーンは沈めずに、着水と同時に

ロッドティップを高く立ててリトリーブすることで、シンキングミノーで表層を泳がせる。水面から中層までで捕食している魚へのアピール度が高い

滝下のポイントをスプーンで探りヒットしたイワナ

水面直下をノーアクションでリトリーブ。すぐにアタリがあった。

「岩の上から見た40㎝イワナに違いない」。手元に伝わる鋭く力強い引きから確信してやり取りしていたのもつかの間、掛かり所が悪かったのかハリが外れてしまった。姿かたちは見えなかったが、かなりの大ものだった。

その後、ルアーを替え流す層（レンジ）も変えて挑んでみるのだが、大ものはおろか小型のバイトすらなかった。

結局、悔しい思いを残してその滝を後にした翌週に再挑戦する。前回と同じ状況であってほしいと望むのだが、期待もむなしく、岩の上から見下ろす流れには大イワナも羽化した水生昆虫も見られなかった。しかし何もせずこの滝を後にすることはできない。

まず前回同様に水面下を、同じ重さのスプーンでリトリーブしてみる。すぐに掛かってきたのは小型のイワナだった。「あのイワナ、今日は底にいるのか」。そう考えながらも一呼吸置いて滝から落ちる流れを見る。同じように見えるが、前回のようにルアーを替えレンジを変えてかき回してしまえば逆効果だと感じたので、ねらいを底のみに絞ることにした。

滝直下に黒系のスプーン5㎝5ｇを落とし、底まで数秒カウントダウンしてから吹き上がる流れに乗せ「クックッ」と水面方向へ跳ね上げるようにアクションを入れてみた。ねらいが当たったのか、重たいアタリが手元に伝わった。底へ引っ張る強い引きを何度かかわして浮き上がってきたのは、前回と同じようなイワナに見えた。どちらにしても大きな釣果だ。充分にいなしてから取り込むと、ちょうど40㎝あった。

この時に感じたことは、「滝のような大場所とはいえ、手を変え品を変えてアプローチすればするほど魚は警戒してくるのではないか?」ということだった。

それ以来、その日の状況を自分なりに判断して最小限のアプローチで望むようにしている。そのアプローチは現在も試行錯誤を続けている。

出でよ、ヌシ。滝壺セレクション 17

写真・文　丸山　剛

数多の源流遡行経験をもつ
源流カメラマンによる、
〝超極私的〟滝壺セレクション。
滝壺と聞いただけで「ロマン」と呟いたり、
利き手が思わずピクッと
反応してしまうアナタ。
夢の大ものは、
この滝壺のどこかにきっと潜んでいる。

玉川、十文字滝の尺上イワナ

※遡行難易度・滝の魅力度・ヌシ期待度は、それぞれ5つ星が最高（☆は1/2）。遡行難易度2以下は特別な装備の必要なし。それ以上はロープ等の装備や泳ぎが必要になる。

岩手県／胆沢川水系小出川・柏沢　40m 大滝

滝壺自体はそれほど大きくない。ただし大石が入っていて、そこに大ものが潜む。大石の下をのぞき込んだ時、魚と目が合ってしまい、釣れなかった経験あり……。

遡行難易度★★★
滝の魅力度★★★
ヌシ期待度★★★

秋田県／玉川支流・大深沢ナイアガラ大滝（30m 大滝）

この滝壺では尺上が10尾以上釣れたこともあり、魚が溜まりやすい。下流にも30 mの滝があり、そこも大ものの期待が高い。

遡行難易度★★★★
滝の魅力度★★★★★
ヌシ期待度★★★★

岩手県／葛根田川源流　葛根田大滝

葛根田川の源流部にある30 mの直瀑の滝。上流にもイワナはいる。下流部からそれほど大きな滝がなく、元はここが魚止滝だった。

遡行難易度★★
滝の魅力度★★★
ヌシ期待度★★

山形県／飯豊連峰・最上川水系白川　大滝

エメラルドグリーンの深い滝壺を持つ。大ものの気配濃厚で、サオをだすだけでゾクゾクしてくる。遡行は比較的楽だ。

遡行難易度★★☆
滝の魅力度★★
ヌシ期待度★★

山形県／馬見ヶ崎川支流・八方沢　12m 滝

この滝壺でかなりの大ものが泳いでいるのを目撃したが、テンカラにはまるで反応しなかったという苦い思い出がある。

遡行難易度★★
滝の魅力度★★★
ヌシ期待度★★

山形県／朝日連峰・桝形川　魚止ノ滝

魚止ノ滝より下流側の旧魚止メ滝でも、大ものが釣れることがある。魚止ノ滝の手前は河原のある流れで、夏場にそこで過ごしたイワナが秋に魚止ノ滝に溜まる。以前は自然湖があったが、今ではなくなっている。

遡行難易度★★★★
滝の魅力度★★★
ヌシ期待度★★★

山形県／玉川支流・桧山沢　十文字滝

取材中に46cmのイワナが釣れた実績あり。昔から50cmオーバーのヌシがいるといわれる、ロマンのある滝壺だ。

遡行難易度★★★
滝の魅力度★★★★
ヌシ期待度★★★★

山形県／朝日連峰・荒川　曲滝

春一番に、デカいのが入っていることがある。雪代の終わった直後にサオをだせば、大型の可能性高し。ただし秋は遡上が遅いのか、魚が少ないことがある。釣行のタイミングが難しい。

遡行難易度★★
滝の魅力度★★★
ヌシ期待度★★

栃木県／大蛇尾川　二俣上流の連瀑帯
大型のニジマスが入っている珍しい滝壺。連瀑の名前のとおり滝はさらに続くが、そこにもニジマスが入っている。押しの強い流れで育った大型ニジマスの引きはなかなかのもの。
遡行難易度★★
滝の魅力度★★★
ヌシ期待度★

福島県／只見川支流・御神楽沢
40m 大ナメ滝
御神楽堰堤の上流にある40ｍの美しいナメ滝の滝壺は、大イワナが溜まるポイントとして人気がある。過去に50cmオーバーのイワナも釣れている。
遡行難易度★★
滝の魅力度★★★★
ヌシ期待度★★★

群馬県／奥利根・本谷
奥利根湖に流れ込む本谷を遡行すると現われる滝。ダムで大きく育った魚がここに留まり、大ものの可能性大。滝手前のトロに大ものがいることもしばしば。
遡行難易度★★★★
滝の魅力度★★★
ヌシ期待度★★★

長野県／魚野川　庄九郎大滝

幅のある滝が落ち込む滝壺は、いかにも大ものがいそうな雰囲気を湛え、山越えでここだけをねらいに来る人もいるほど人気が高い。

遡行難易度★★★

滝の魅力度★★★★

ヌシ期待度★★★

新潟県／朝日連峰・三面川水系以東沢　ナタクラ滝

以東沢の魚止滝になるが、以前は上流にもイワナがいたそうだ。尺イワナが数多く出る。50cm オーバーのイワナが滝にジャンプしたのを見たこともある。

遡行難易度★★★★

滝の魅力度★★★★

ヌシ期待度★★★★★

新潟県／朝日連峰・三面川水系泥又川　魚止ノ滝

猿田ダムから遡上した魚が溜まるポイント。一番デカイ魚が入っていることが多い。ただし、水量が多いと取り込みは困難で、掛けた魚を下の滝壺へ落として取り込むことになる。

遡行難易度★★★☆

滝の魅力度★★★★★

ヌシ期待度★★★★★

新潟県／黒又川支流・赤柴沢　F１の滝
かつて鉱山道が黒又ダムから上流の泣沢まで続いていたが、今ではなくなっていて、泣沢から黒又川を下って赤柴沢に入渓する。そのＦ１の滝はダム遡上の大イワナが溜まる。
遡行難易度★★★★
滝の魅力度★★
ヌシ期待度★★★

新潟県／早出川支流広倉沢　おひろ淵
長い流程の早出川の上流部、今早出沢と割岩沢の合流点から 2km ほど下った左岸から入ってくる広倉沢。その魚止滝が、おひろ淵である。尺イワナ以上のサイズが群れている。
遡行難易度★★★★
滝の魅力度★★★★
ヌシ期待度★★★★

富山県／黒部渓谷・北又谷　白金の滝
43cm のイワナを釣ったら、その横に寄り添うように泳いでいた魚のほうがデカかった、という経験あり。滝壺は深く、源流釣りファン憧れの滝といえるだろう。毛バリを打ち返して水面を叩いていると、魚が何尾も浮いてくることがある。
遡行難易度★★★★★
滝の魅力度★★★★★
ヌシ期待度★★★★★

遡行技術・危険回避

源流、渓流での事故は
滝の周りで起きやすい。
滑落、落石、落水、
泳ぎの途中で流れに飲まれる……、
滝の落差や川の流勢が
強くなるほどリスクは増し、
楽しいはずの釣りが、
時に一瞬で暗転する。
そんな事態にならないために、必要なこと、
心がけておくべきことは何か。

無事にたどり着き、帰ってくるために。滝の釣り・遡行のリスクを考える

大きな落差や深い釜をもつ滝の釣りは、そこに至るまでのアプローチや、滝を越えて行く場合も含めて、一歩間違えると生死にかかわる危険が伴うこともある。大もののロマンと安全を両立するためには何が必要なのか?

写真・文　丸山　剛

大ものの期待が高まる滝壺は、事故も多い。何よりも安全第一で釣りを楽しみたい

地形図からさまざまな情報を読み取ることの重要性

移動する魚にとって障害となる滝。その滝壺には魚が溜まりやすい。遡上できない直瀑は魚止滝となる場合が多く、釣り人は大もののロマンをかきたてられる。しかし、滝を釣るにはそれなりのリスクが伴うことを覚えておく必要がある。

源流部最奥の滝は、まずそこに行くまでのリスクがあり、滝を釣ること自体も危険が伴う。釣りの危険に関しては、たとえ国道からすんなり降りて行ける滝でも同じことがいえるだろう。それらをしっかりと念頭に置いて臨んでほしい。

源流の滝を目差すうえでは地図読みが欠かせない。地図は川の情報を的確に伝えてくれる。一番近い入渓点はどこか、危険な所はないか、水の流れはどうなっているのか。国土地理院発行2万5千分の1地形図には、こうした情報がかなり忠実に記されている。それらを読み取り計画を立て、現場で照らし合わせて遡行する

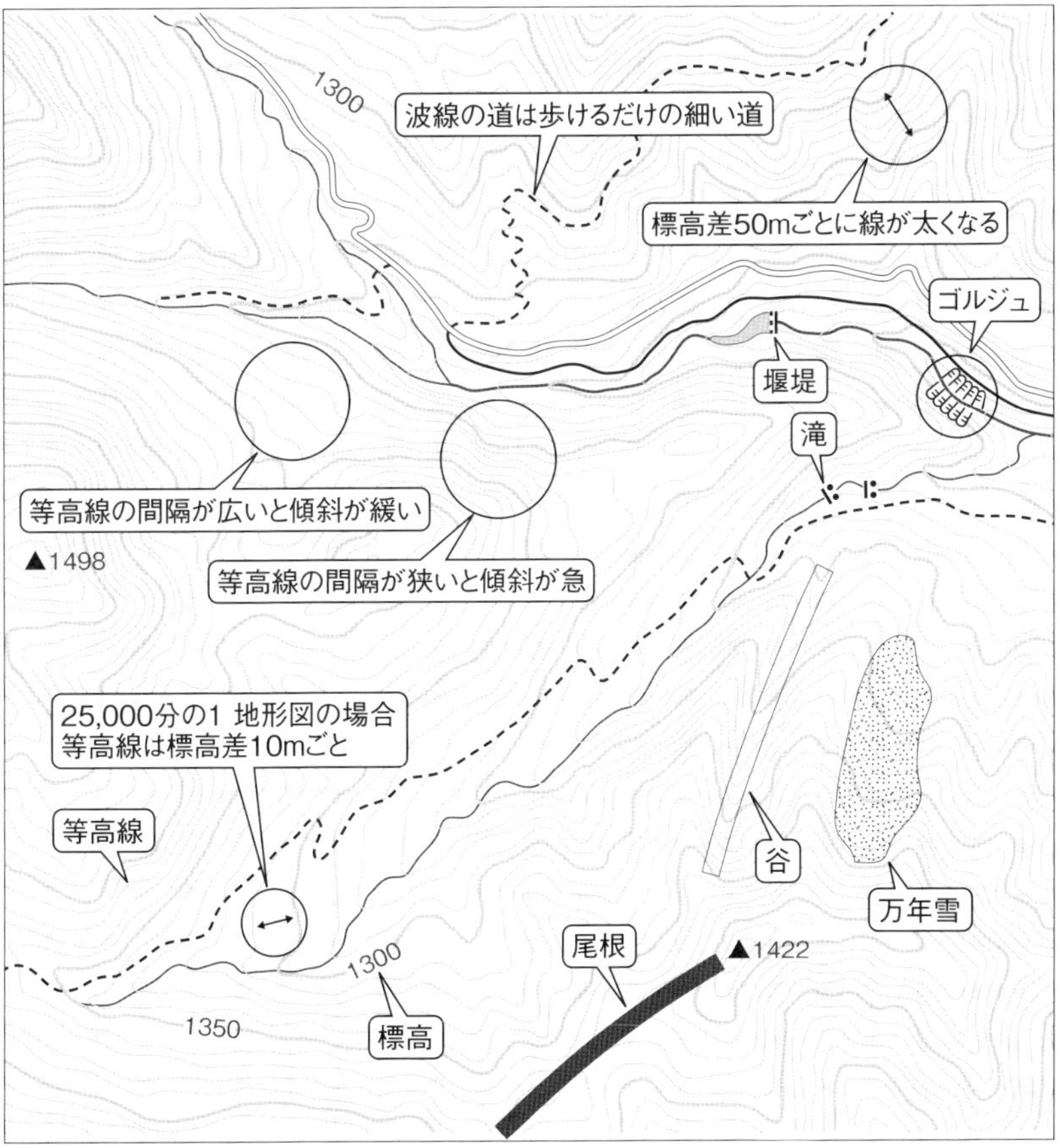

ことでリスクを未然に回避できる。

地形図上の記号で、滝釣行に必要なものを簡単に説明したい。まずそのものずばりの滝は、青の水線に対して、黒の横棒と下に2つ丸点の記号で示される。これは航空写真から滝が確認された場所で、記号がなくても滝があることは多い。記号と実際の滝がずれている場合もある。

水線を上流に辿り、等高線が詰まっていたり、くの字に曲がった所で等高線が飛んでいるような場所には、まず滝があ

コンパスを使った地図読みができれば、現地でのリスクをより減らすことにもつながり、安心感も増す

ると思って間違いない。等高線が混んでいる場合その数を数えれば、おおよその滝の高さも分かる。ただ実際には等高線からだけでは分かりにくいため、地図の滝記号は大いに有益な情報である。

水色の線は水（川・沢）を表わすが、実際の現場では、水線が始まる場所よりもはるか上まで水が流れていることもある（その逆もある）。これは季節や年の違いで水の出方が変わるからだ。

水色の点々は雪渓（万年雪）を表わす記号だ。雪渓の長さは時期によって変わるので注意が必要である。

水線の横に毛虫状の記号がある場所は、川岸が切り立っている地形を示している。両側に毛虫マークがある場合、ゴルジュあるいは通ラズと呼ばれ、狭く続いているとかなり険悪な場所といえる。

滝記号によく似ているが、横棒の上流側に破線が付くと堰堤である。堰堤から水色の点線が続いているのは、発電所に水を運ぶための水道管を表わしている。地下にある場合が多いのだが、発電所付近では地上に出ている所もある。

登山道やはっきりしたゼンマイ道等は、黒色の点線で表示さるので入渓の参考にもなるだろう。山を真っすぐに突っ切る実線は送電線で、このような人造物は位置を知る目印になる。送電線を谷から見上げて確認しておくと心強い。

地形図を見て現地へ行き、イメージと実際の地形を照らし合わせることに慣れてくると、地形図を見るだけで渓がどんな感じか分かるようになる。そうなると地形図のすごさが改めて実感できる。

さらに、コンパスの使い方を覚えて地図を活用できれば、山の中で迷うリスクは少なくなる。GPSも自分の居場所を知り、目的地に向かうための便利なアイテムだ。最近のGPSは渓の中でも衛星電波を受信できるし、スマホでも衛星電波をとらえる機能付きの機種がリリースされている。地図アプリと連動することで、自分の位置が分かり、移動の軌跡も残るので大変重宝する。

山での迷いは焦りを生み、悪いほうへといってしまうことが多い。結果、滑落したり、動けなくなって死亡する事故が絶えない。源流部で滝を目差すなら、地図読みは必須だ。それがあってこそ、次に解説する各技術も活きてくる。

事故に遭わない遡行技術

【ヘツリ】3点支持で身体を岩から離す

源流では石の河原や岩盤底、淵や瀬、目的の手前にある滝などを越えていかなければならない。滝に到着しても、滝壺を釣る立ち位置に移動するためにヘツリや泳ぎ、高巻を強いられることもある。

ヘツリとは岩を横移動することで、渓では頻繁に行なう。ヘツリのコツは、岩から身体を離し、手足4点のうち必ず3点で身体を支える状態を保つ。そして空いた手なり足なりを動かして、1点ずつ移動していく。これを3点支持といい、岩登りの基本動作になる。岩にしがみついていると、視界が狭くなり、次の手・足掛かりを捜すことが難しくなる。バランスも悪く、次に述べるフリクションも利かない。

大胆かつ慎重に行なうのがヘツリを含めた岩場での動きなのだ。

ヘツリや濡れた岩を登る時に大切なのが、靴底のフリクション（摩擦）の利かせ方である。フェルトやゴム底の摩擦を最大限に利用して岩場で滑らないようにするコツは、なるべく靴底の接地面が大きくなるように片足を着き、体重をじわじわと乗せていく。最初は滑りそうに感じて焦って次の足を出したり、身体を岩に必要以上に寄せたりしてしまう。これは前記のように、かえって滑りやすい。また両足に体重が乗っていては動くことができない。必ず片足から片足への体重移動が必要となる。この時ジワリと体重を乗せることができるようになると、源流歩きは楽になる。岩から落ちる、河原でコケるといったリスクも減るはずだ。

ロープの代わりにナイロンスリングを利用した泳ぎの例。滝壺やゴルジュ突破の際には、まさに事故を防ぐための「命綱」となる

ヘツリは3点支持が基本。写真は両足と右手で身体を安定させ、空いている左手で次のホールドをつかもうとしているところ。恐がるあまり両手両足で岩にしがみつくと、次に進めなくなるだけではなく、足のフリクションが利かなくなって落ちやすくもなる

高巻はなるべく「小さく、低く」が基本だが、このような大高巻を強いられることもある。さまざまな場面に対応できるように、ロープワークなどの技術をしっかりと覚え、足元の装備も万全を期したい

高巻の際は、できれば木の生えた斜面を利用するとよい。滑落のリスクを減らせるうえに、しっかりと根を張った木を利用することで懸垂下降などのロープワークも生かせる。泥付きや草だけの斜面は滑りやすく体力を消耗してしまう。またガレ場の場合は落石の危険が増す

【泳ぎ】ロープ必携。滝の落ち口は危険

源流では泳ぎが必要になるケースもある。高巻ができない、あるいは高巻くよりも泳いだほうが簡単な状況である。具体的には滝壺、ゴルジュのトロや淵など。

泳ぐコースはズバリ流れが緩やかな所。滝壺への落ち口は白泡が立ち、その下は水流が巻いていることがある。引き込まれたら自力で脱出するのは困難なので、落ち口に近づかないようにして泳ぐ。

基本的に滝壺を泳ぐ時は、ロープで確保してもらうことが大切。万が一引き込まれても、ロープを引いてもらえれば脱出できるからだ。

単独遡行の泳ぎで流れに巻かれたら、冷静にザックを脱ぎ、巻きで潜った時に底を足で蹴《け》り、巻かれない方向に泳ぐという方法もあるが、ほとんどの場合は不可能に近い。しかし、あきらめたら終わりなので窒息死する前に何とかするしかない。そんな状況にならないためにも単独釣行はリスクが大きいので、源流には2人以上で行くのがよい。

滝壺での溺死例は多い。その多くはロープを持参しなかったことに原因がある。人数がいてもロープがなくてどうにもならなかった事故、巻かれた人を助けようとして飛び込み、一緒に巻かれてしまった事故など、ロープがあれば起こらなかった（あるいは助けることができた）不幸ばかりである。

【高巻】落石、滑落は大事故の元

遡行中に滝や通ラズのゴルジュに遭遇したら、直登するか高巻く。高巻とは、滝やゴルジュを回避して山の中を抜け、その先に出ること。単に「巻き」とか、大きく迂回《うかい》する時は「大高巻」ともいう。

その滝が魚止滝であれば、本当に滝の上に魚がいないのか確認したいという理由でもない限り、わざわざ登る必要はない。しかし、滝やゴルジュを越えて目的の滝を目差す場合は必要な技術になる。

高巻は基本的になるべく小さく、滝やゴルジュの先が曲がっている場合、曲がっている内側を巻くのが基本である。そのほうが距離も短く、険しくない場合が多い。むやみに高く登ってしまうことを「追い上げられる」という。ルートファインディング（正しいコースを見つける）をしっかりやって、追い上げられないように注意しよう。ブッシュが多い所、傾斜が緩い所、ルンゼ（小沢）などを見つけて効率よく巻きたいところである。

釣り人や山人が多く入る場所は、滝に巻き道が付けられている場合も多い。ルンゼの途中や尾根に踏み跡がないか確認することも大切だ。

高巻く時にフェルト底は滑りやすく、チェーンスパイク、ピンソールなどの滑り止めがあると心強い。特に草付や泥付の斜面で有効だ。ロープを使うことも、安全に高巻くために必要な技術になる。

高巻途中のリスクは主に落石や滑落。落石は人為的なミスで起きることが多い。先行者との距離が離れている時、踏み落とした石が後続者に当たるなどのケースである。距離が離れるほど、小石でも当たった時の衝撃は相当なものになる。拳大の石なら命を落とすこともある。

源流遡行では地形図に示されていないさまざまなリスクが潜む。崩れた雪渓もその1つ。慎重にルートを見極めたい

落石の事故リスクをなくすには、1人ずつ登るか、間を空けずに登る。ただ容易な巻きなら後者でもいいが、危険な箇所では前者にする。高巻の事例では、先行者が滑落し、後続者を巻き込んで落ちたため2人とも死亡した事故があった。私自身も以前、高巻途中で先行者の握り拳ほどの落石を顔面に受け、前歯が2本折れる事故を経験している。この時は痛みに耐えながら、なんとか下山した。

滑落のリスクを少なくするには、できるだけ木の生えた場所を登ること。木は枯れていないものをつかむこと。木があることでロープを使った確保もしやすくなる。また降りる時も木のある所を選んで下るとよい。急斜面では木にロープを掛けて懸垂下降する。懸垂下降は最も安全な下降法だが、一方で1つのミスが大きな事故につながる。懸垂下降の手順や方法は、事前にしっかり訓練しておく必要がある。

懸垂下降は滝壺を安全に釣るうえでも必要な技術だ。滝壺を釣っている時、不用意に滝壺に落ちないように自己確保することも可能になる。

滝壺を釣る時は、まず下流側から流れ出しを探り、そのあとで流れ出しに立って滝壺をねらうようにすると安全だ。流れ出しが緩やかなら水深があっても立ち込める（下左）。また河原があればザックを下ろして空身で釣るのも爽快（下右）

まとめ～安全第一で行動を

滝を釣るには、くどいようだが安全第一で行動することが大切。そして滝壺を釣る時は、安全な流れ出しを立ち位置にすることが基本と覚えておこう。滝の落ち口にサオをだしたがる人が多いが、釣れるのはたいてい流れ出しか、滝壺の白泡が途切れるカケアガリ付近である。

滝を釣るテクニックで大事なことは、滝へのアプローチだ。本命の滝壺の前の小さな淵に、大きな魚がいることも多い。流れ出しに向かって、手前からじっくりと釣り上がり、滝壺の流れ出し手前で姿勢を低くして、静かにサオをだすことが滝を釣る極意だと思う。

実録、滝壺間一髪

楽しいはずの渓流釣りが暗転する瞬間。それは、たとえば普段ならあり得ない判断ミスから生じたりする……という一例。

写真・文　戸門　剛

七ツ釜。僕のエサ釣り解説頁の写真もこの川だ。当時は若気の至りとはいえ……

渓流、源流釣行ではこうした遡行で体力を消耗していく。勝手知ったる釣り場であっても、思っている以上に疲労がたまっていることも

油断と疲労が招いた災い

これは僕が自動車運転免許を取得し、単独行が一気に増えた20代前半の話。舞台は新潟県清津川支流・釜川の「田代の七ツ釜」。およそ1㎞の範囲に七つの滝と釜が連続することから名付けられた七ツ釜は、両岸にそびえる柱状節理の美と相まって国の名勝・天然記念物に指定されている。江戸時代後期、越後国の随筆家・鈴木牧之は『北越雪譜』で、「天然の奇工、奇々妙々不可思議なり」と評している。

七ツ釜は当時の僕が一番通い詰めた場所といっても過言ではない。この頃は下流に管理釣り場があり、そこから逃げ出したニジマスが野生・巨大化し、大雨の増水後は七ツ釜に差すと知っていたからだ。時折混じるイワナも尺超えが珍しくなかった。

今でこそ沢や源流指向が高まり、「魚の価値は数やサイズよりも美しさ」と公言する僕だが当時は違った。釣りにのめり込み始めた頃とはそういうものかもしれないが、大きな魚に出会えるのは、それだけで魅力的に思えた。また、いい型の魚が底も見えないような滝壺を縦横無尽に走り回る、七ツ釜ならではのスリリングなやり取りにも引きつけられていた。

あの日は夏の暑い盛りだった。渇水の時期だが、渓は前日の大雨で爆音とともに飛沫を上げていた。ねらいどおり各ポイントでサオが引き込まれる。それも、エサのミミズが深みに届く前に横から引ったくられるようなアタリだ。タモに導かれるのは50cm級のニジマス、尺超えのイワナ。釣果に思わず顔もほころぶ。僕はさらなる大ものを求めて、一つ、また一つと滝を越えていく。そしてすべてのポイントをねらい終えた帰り道……。

　七ツ釜の滝は最上部に位置する一番滝、二番滝を除けば、落差は3～5mとあまり高くない。しかし滝壺の深さは場所によって10m前後もあった。

　繰り返すが季節は夏、そして肌を焼き焦がす日差しを浴びながらの遡行を終えた後だ。僕は思った。「飛び込んで帰ろう」と。過去の釣行で何度も探り、今日もサオをだした場所。水面下の大岩の有無など確認ずみだ。僕の行く手を阻む障害など一つとしてない。

　勢いよく駆け出し跳び上がり、着水の心地よさに目を細めた。ああ最高！　同じ濡れるにしても汗と水ではこうも違うものか。背負ったザックを浮き輪代わりに、流れに身を任せて淵尻まで。次の滝に近づくと浅瀬から陸地に這い上がり、ふたたび助走をつけて滝壺へと飛び込んだ。

生死を分けたものは

　いくつめの滝だったか、さあ行くぞと勢いをつけようとした瞬間、思いがけない形で身体が水に包まれた。不意のことで何が起きた？　と訝《いぶか》しがる間もない。何も見えない、分からない。水面の位置も把握できないまま、あえぐように手足を動かす。しかしいつまでたっても空気の層には辿り着けない。

　ややあって、背中のザックに滝の水流がぶつかり、僕の身体を底へ底へと押し込んでいるのだと気付いた。几帳面にも、胸と腰で留めていたバックルがさらに僕を焦らせる。だが、きりもみ状態の中でなんとか外せた。すると運のよいことにザックからするりと肩が抜けた。これが最初で最後のチャンス。底へ向かう水流に合わせて勢いよく潜り、両腕で必死に水をかいて斜め上方を目差す。傍から見れば潜水艦、もしくはマッコウクジラの浮上か!?　そして久しぶりの空気ある世界に辿り着き、生きていることに感謝しながら貪るように呼吸を繰り返した。

　落ち着きを取り戻してから振り返ってみると、飛び込む寸前に足を滑らせ、滝の落ち口直下に入り込んでしまったのが原因だと分かった。さらに、ほかにもいくつもの不備があったことに気付く。

　一つは荷物満載の大きなザックを背負ったままだったこと。しかも沢登りに特化した専用品ですらない普通の登山用。これがなければ水流からの脱出はもっと容易だったに違いない。

　もう一つは帰路の選択を誤ったこと。七ツ釜は知名度こそ低いが観光地だ。急峻な斜面を乗り越えさえすれば、一番滝上部の見晴台に到達し、そこからはアスファルトの車道を歩いて安全に川下へ向かうことができる。しかし、遠回りとなるこのルートに僕は気付かないふりをした。急がば回れ。ありきたりな格言が、この日以上に胸に響いたことはない。

　そして最大の不備は、自身の疲れを正確に把握していなかったことだ。短い区間とはいえ、泳ぎを含む遡行を終えた後、疲れていないハズなんてないのに、若く体力も人一倍あった僕は、休憩も挟まず帰路につこうとした。足を滑らせたことも、いや、そもそも滝壺に飛び込んで帰ろうと考えたこと自体、疲れた脳が生んだ悪魔のささやきだったのかもしれない。

僕が無事に生きて戻れた理由は一つしかない。冷静沈着とはいえないまでも、自身のおかれた状況を素早く理解し、対応できたことだ。滝の水流に巻かれた時の脱出法はよく知られているが、不慮の際にもパニックにならず実行できるか否か。生死の境を分けたのは、ただこれに尽きる。

安全に勝るものなし

僕の体験談は若さゆえの過ちで片付いてしまう話かもしれない。いや、釣り人なら若くてもだいたいこんな無茶はしないだろう。だが最近では全国的なキャニオニング（沢を上流から下流に下るスポーツ。滝からダイブしたり、滑り降りたりする行為を含む）の流行もあり、釣りブームの時以上に渓へ向かう初心者が多いと聞く。

もちろん、彼らはそれに特化した装備を身につけているだろうし、同行の案内人はその道のエキスパートのはずだ。それでも、滝の直下では地上から見える以上に複雑な水流が発生していることを、僕は身をもって知った。

この体験が渓流に親しむすべての方の役に立てば幸いだと思っている。最後に七ツ釜にまつわる伝説を一つ。

——当地に太田新右衛門という豪傑がいた。彼はある日、網をかついでこの七ツ釜へとやって来る。そして「一網だけ」という弁天様との約束も忘れ網を打ち続ける。やがて姿を見せたのは怒り狂ったヌシの大蛇。大蛇は新右衛門を延々追いかけ、ついには彼が逃げ込んだ家に七まわり半も巻き付く。新右衛門は発狂し、やがて死んでしまったという——。

あの日、好釣果に浮かれた愚か者を滝壺に引きずり込もうとしたのはヌシの大蛇だったのだろうか。我が身を振り返り反省しつつ、今年も僕は七ツ釜へ釣りに行こうと思う。その時は傍らの弁天様に手を合わせることを忘れまい。そして疲労回復用のアメと飲み物、釣りすぎないという戒めの心も必ず一緒に携えて。

転ばぬ先の杖!?

さまざまな釣りシーンでの「マジで死ぬかと思った」体験を収録したシリーズ。渓流、源流釣りでは、圧倒的に滝絡みの出来事が多い。滑落、落石……その多くは本書の「一瞬の悪夢」に分類・収載されている。ぜひご一読を。

『釣り人の「マジで死ぬかと思った」体験談』
つり人社書籍編集部　編（つり人社）
B6 判並製
定価：各・本体 900 円＋税

滝を釣れII

釣行記は楽しい。
書き手も読者も同好の士、
一読しただけで心は現地にテレポートし、
自分で釣りをしている気分になってくる。
また、情報としても貴重だ。

滝の釣りの魅力を
ストレートにお伝えする4編と、
最後は、行間から滝の轟音が響く
再収録で締めくくりたい。

新潟県／加治川支流・内の倉川
新潟県／荒川支流・女川

2つの季節の滝を釣る

写真・文　大沢健治

内の倉川の大イワナ

梅雨の長雨はイワナの渓も増水させる。水の動きはイワナの動きを促し、魚止となるような場所には大ものが入る確率が高まる。梅雨が明け、ようやく入渓できるようになった渓には、淵、落ち込みなど好ポイントはたくさんあるが、やはり滝は心が躍る。そこに大ものを期待してしまうのは皆同じではないだろうか。

7月の終わり、取材で入ったのは加治川支流、内の倉川だった。今回は梅雨明けからしばし時間が経っていた。増水が落ち着き、人が入りやすいこの渓では尺ものの確率が低い気がしていたが、幸運にも良型を手にすることができた。

大滝までは車止からさほど時間がかからず、誰がいつサオをだしてもおかしくないような場所だった。大滝は左岸側に深い釜を持ち、中央から右岸側は浅い。一見すると、多くの釣り人が左岸の水深がある巻きにエサを入れ、そこでアタリがなければあきらめてしまいそうだ。

もちろん、念のため巻きの流れにエサを投じたが、私が気になったのは浅い滝の中央の部分。うっすらと滝が割れているような場所の下、勢いよくたたきつける水の中に、滝へ向かって入っていく筋があるのが分かった。そこにエサを投じると、馴染んだ仕掛けは滝へ向かってゆっくりと流れていった。そしてアタリが訪れ、充分に時間をとって合わせた。イワナは滝へ向かって何度も突っ込むが、サオを最大限に曲げてタメを利かせ、じっくりとやりとりを楽しんだ。ようやく観念した大イワナは水際に横たわった。

滝といえばその釜が魅力だが、釜になっていなくても魚は意外に入っていることがある。浅く、たたき付けられた水流がしぶきを上げるようなポイントでも魚止に変わりはなく、20～30㎝の水深でも充分尺ものが入る。浅い滝下でも侮ってはいけないと、改めて思った。

女川・白沢筋の沢の小滝

梅雨が明け、アブの季節が過ぎるともう秋が目の前に迫っている。源流シーズンはいつもあっという間で、9月に入ると焦りすら感じる。あと何回釣りに、源流に行けるのか。カレンダーや仕事のスケジュールとにらめっこ状態になる。そして気の置けない仲間とのシーズン最後の源流釣行計画、正確には源流宴会釣行計画

滝を釣れII

大滝で掛け、ついに観念して上がってきた43cmの大イワナ

7月、内の倉川の大滝を釣る

が立てられるのである。シーズン最後の源流は尺イワナでしめたいというのは釣り人の性《さが》で、じゃあどうする？　とこれまた酒を飲みながら考える。

尺イワナを釣って、焚き火の前でうまい酒を飲む、子供のようで、まじめなオヤジ連中の願いを叶えてくれるポイントがある。そう、魚止だ。魚止といってもいろいろあるが、滝もその1つ。どんな源流でも滝くらいはあるもので、それが秋という季節、産卵のために上流へ上るイワナを止めることはいうまでもない。完全に止める高い滝もあれば、いったん止まるような低い滝もある。

そのような魚止の滝を思い出しながら、「あそこはどうだ」「最近あそこは行ってないね」「あそこなら間違いない」なんて話で盛り上がり酔いが回っていく。

そんな話題になった時、必ず私の頭に浮かぶ渓がある。新潟県（一部山形県）の女川だ。「キレイなテン場があるから行くか」、と師匠のひと言で初めて訪れた場所だったと思う。それから数回通ったお気に入りの場所だ。

車止に着き、準備をしていると、ほおに当たる風がひんやりしている。東北の夏の短さを感じながら、準備をして峠道へと入っていく。蔓の葉は色づき始め、赤や黄色が目に入る。やがて尾根道は一気に下り、女川本流へ辿り着く。この尾根道を降りきった所もテン場となるのだが、残念な場所で泊まる気がしない。そこから本流を遡行する。白沢合流にはそれほど遠くない。そこにお目当てのテン場がある。けっこう広くてしかも平ら。ごみもなくきれいで、居心地がすこぶるよい。大きなブナの木に守られているような感じで何泊でもしたくなる場所だ。

女川、期待を裏切らない魚止での釣果

設営をすませ、さっそくサオを持って白沢を釣り上がるがたいして釣れない。初めて訪れた時は、「ここまで来てもいないのか」「先に釣られてしまったか」などと考えたが、経験を積むうちに魚はすでに沢へ入っていることに気づかされた。

沢を上がっていくと、ゆらゆらと泳ぐイワナたちがいる。だが、本命はその魚じゃない。どの沢でも魚止となるような小滝に行き着く。そこには尺ものが入っている確率が高い。大きな魚ほど遡上する力も強く、また一番優位な場所に付いているものだ。

小沢なので短いサオ、仕掛で充分。エサを小滝の落ち口に振り込む。水深はそれほどない。すぐに押さえ込むようなアタリが出る。ここであわててはいけない、ひと呼吸、ふた呼吸待って合わせるとサオが弧を描く。小場所で浅いだけに走り回るイワナとのやりとりを楽しめる。この沢の小滝、行くたびに期待を裏切ることはない。

水量によっては小さな滝や段差が魚止になる場合も

新潟県／三面川支流竹ノ沢・F1

逆算の発想

写真・文　本宮和彦

恐怖！　平四郎沢の一本吊り橋。眼下30m下まで見渡せる絶景は一見の価値あり

消えゆく杣道の奥へ

新潟県北部を流れ日本海へ注ぐ三面川。越後・村上藩御用達のサケ増殖・遡上河川として名を馳せ、上流部には奥三面ダムが満々と水を湛える。その源流部は、いまだ手つかずの自然が残る秘境中の秘境である。日本有数の豪雪地帯の朝日連峰にあってなお、険谷といわれる竹ノ沢は、繊細と豪快さが織りなす名渓と謳《うた》われている。

三面集落の面影はすでになくダムの底に沈み、大自然だけが残った。かつては山人の絶好の狩場であった山域には、脈々と受け継がれてきた狩人の血によって、杣道が縦横に作り出されてきた。しかし山仕事にも高齢化の波が押し寄せ、それもまた風前の灯である。

山形県置賜郡小国町から望む蕨峠を越え、奥三面ダムのほとりに車を停める。バックウオーターを泳ぐハヤの群れに気勢を削がれ、また三面小屋まで続く明瞭な登山道に困難さはなく、ややもするとこんな調子が目差す竹ノ沢まで続くのではと一瞬勘違いしてしまいそうになる。

その途中、名物・平四郎沢の一本吊り橋が架かる。か細い足元を嫌い、わざわざ崖下30ｍまで下って登り返した人の話を聞いたことがあるが、なるほどと頷《うなず》ける。

ブナの森に囲まれた杣道が急に開けると、真新しい5角形の建物が目に入る。ようやく第一目標をしとめた感で、重い荷を下ろし大休止。

さあ、ここからが竹ノ沢への本当のスタートと皆で道を捜すが、どこにも今までの明瞭な踏み跡はない。背丈を越えた雑草をかき分けながら進む自分を思うと、笑いすら出てくる始末である。

三面川本流の右岸に取りついた私たちを待っていたのは、縦横に作り出されたはずの辿道ではなく、ただ直感と根気と折れない心だけで前を目差す。もはや行軍と化した兵隊のようだ。左が山側となるため、左足の足首が極端に疲れる。後ろ向きに歩けば左右逆になるかと思うが、そのまま斜面を転げ落ちて轟《ごう》音赤滝の藻屑となることを考えると、得策とはいえない。

向かって右から流れ込む険谷、竹ノ沢。左は以東沢と名を変え以東岳へ突き上げる

源流釣りグループや沢屋さんの記録を見ても、どうやら辿道を忠実に辿れることは希のようで、途中枝沢にあるテン場まででほぼ一日を費やしてしまった。険谷・竹ノ沢の本流にあたる三面川もまた、増水時には暴れ川となって人の行く手を阻み、以東沢と名を変える最源流部まで水量の豊富さと遡行の難しさは類を見ないほどである。

運命の1尾

本流筋より若干水量の多い竹ノ沢が見えてきた。名だたる朝日の中でも険しさで群を抜く竹ノ沢なのに、意外や腰まで浸かってもさほど冷たさを感じない。流れの淵尻に付いているはずのイワナもなかなか見ることが出来ず、

「むむむ！　これは外したか？」

念願のF1を前にして昼飯のラーメンを作り、心を落ち着かせる。あまり腹一杯にしてしまうと遡行の妨げになるし、かといって温かいラーメンは食べたいしで、まさに痛し痒《かゆ》しとはこのことだ。

F1の大淵に比べればまだ小物感がある落ち込みの流れ出しに毛バリを振り込む。しかし、落ち葉のようにただ水流に押されて足元まで流されてくるだけである。

「おや？　まさか!?」

今度は巻き返しに毛バリを送り込む。勢いのよい底波に引きずり込まれた黄色いラインがサオの穂先を曲げ始めた時、ようやく私の中の裸電球が閃《ひらめ》いた。

「おっ！　これは魚だ！」

忘れかけていたうれしいはずのアタリに、なぜか複雑な思いのままサオを立てている。複雑な思いとは後述するが、とにかくここで釣れてしまうのは「複雑」なのである。

ラインの先には6寸ほどのイワナ。今まで回遊を続けていた岩盤の奥底へしきりに戻ろうとしているのか、小さいくせにかなりの馬力だ。しかし、しかしである。ここで釣りあげては念願の竹ノ沢F1が遠のいてしまう。1つ手前のポイントで釣った私を、そのまま続けて釣らせてくれるメ

ンバーではないのだ。

　源流での釣りには、順番という暗黙のルールがある。1尾を釣るまでほかのメンバーはサオをだすことができず、ただ1人が振り込むサオ先のポイントを指をくわえて見ているだけである。そして、移動の動作までもガマンして後をついていかなければならない。釣るほうは背後からプレッシャーが重くのしかかるが、絶好のポイントが近づくと後続はなかばあきらめの境地に陥るのである。

竹ノ沢F1。渦巻く大淵には数々のドラマが。釣り人ならずとも憧れの滝だ

竹ノ沢でついに待望の1尾

　お互い早く釣れるに越したことはないのだが、今日のようにイワナが高い水温を嫌って深場に隠れてしまうと、これまた厄介なものだ。

　結局、目差すF1滝直前のポイントで計らずもイワナを釣ってしまった（あえて「しまった」といわせてもらう）私は、念願の竹ノ沢F1ではサオをだすことがなかった。

　ゴーゴーと落ち続け渦巻く流れのような私の心は、「この滝をどうやって越えられるだろうか」などと、険しいゴルジュのまだ先にある魚止の流れを泳ぐ大イワナをすでに夢見ているのであった……。

※

　数日後。仕事を終え、家でくつろぎながらテレビを見ていると、某予備校の有名講師であるH先生が、「最終的にどうしたいかを見極め、今何をするか考えることが逆算の発想だ」と話していた。

　であるならば、先のよさそうなポイントを計算し、緩んでもいないシューズの紐を結び直して自分の順番を調整する技や、イワナがエサに食いついているにもかかわらず「釣れていない」と言い張る強情さを持たない限り、竹ノ沢F1の主は私に微笑んでくれないのかもしれない。

　肝心要、F1での皆の釣果はといえば、都合1日半の行軍をかけただけのことはあるかもしれない。ただし、滝壺を悠々と泳ぐ大イワナを釣りあげるためには、今日からトレーニングを開始しなければならないという逆算式が必要になることだけは、お忘れなく。

長野県／梓川支流・前川本谷&ミソギ川

乗鞍高原の滝を釣る

写真・文　小澤　哲

渓流マンの桃源郷

松本平から梓川に沿って国道158号を上高地に向かうと、安曇三ダムと呼ばれているアーチ式のダムが続いて3つ現われる。最上流部にある奈川渡ダムは断崖絶壁の梓川渓谷に雄大な造形を刻み、その景色は圧倒的だ。

安曇三ダムのうち奈川渡ダムは最も大きく、日本一といわれている黒部ダム（高さ186m）に次ぐ規模で、梓湖と呼ばれるダム湖には長野県最大の湖である諏訪湖の2倍の貯水量がある。飛騨山脈槍ヶ岳（標高3180m）から奥穂高岳（標高3190m）を経て、乗鞍岳に連なる3000m級の北アルプスの稜線東側から流れ入る豊富な水は、電力発電や下流域の農業用水として利用されているという。

梓湖のバックウオーターは大きく2つに分かれている。そのうち梓川本流側の梓湖に、乗鞍岳東麓一帯を水源として流入するのが前川と小大野川だ。ともに渓流釣り場として人気だが、前川のほうが水量、支流の数ともに多く、釣り人で賑わっている。

この2本の流れはほぼ平行に乗鞍岳に向かって伸びているが、乗鞍岳噴火で流れ出た溶岩流で形成された乗鞍高原台地だけに、随所に滝がある。なかでも小大野川の三大滝といわれる番所大滝、善五郎の滝、三本滝は乗鞍高原を代表する名勝地だ。一方の前川は、白樺橋上流の池の沢合流から前川本谷と呼ぶが、渓に沿って走る道がないことから観光客が立ち入ることは少なく、渓流マンには桃源郷ともいえる世界が広がっている。

前川本谷には、毎年のように残雪がある早春と梅雨明けの頃と2回入渓しているが、そのねらいは、たくさんある滝壺に潜む大ものとの出会いを楽しみにしてのものだ。また、前川本谷の釣行には毎回のようにお決まりの楽しみがある。仕事が終わってから長野を出ると、現地に到着するのは夜10時過ぎだが、入渓の車止林道口にある夜泣峠のあずま屋での、寝酒とはいえない豪華な宴会だ。

滝壺での大もの釣りの思い出話や明日の攻略ルートなど話題は尽きず、午前0時を過ぎるまで盛り上がるのは毎度のこと。今回はまず前川本谷の魚止滝をねらってから少し下ってミソギ川に入り、ミソギ滝を釣った後は滝上に出て、そのまま遡行して前川林道との出合で納竿し、夜泣

前川本谷・本谷ノ滝。乗鞍高原の渓にはたくさんの滝が架かる

き峠に戻ってくるというルート。所要時間は約8時間と見込んで朝5時に出発することにした。

白々と夜が明ける5時きっかりに前川林道口を出発。全員が二日酔いにもかかわらず、釣りの装束を身にまとえば足元がシャキッとするから不思議だ。

10分弱で前川林道から分かれる本谷の下流域に抜ける林道を下っていくが、この辺りには例年、大きな栖の木に「熊だな」を見かけることが多い。乗鞍高原の釣りでは幾度かクマを見かけたことがあるだけに、ジャランジャラン、チンチンと全員がいくつも付けている熊鈴がうるさいくらい。

林道口を出発してから約40分、前川本谷に出た。３００ｍほど下ったところにミソギ川との出合があるが、予定どおりまずは本谷のすぐ上流にある魚止滝を目差して釣り上がることにした。持参したエサはキヂとイクラ。乗鞍高原の渓では、現地で採れる川虫は数が少ないことから、あらかじめピンチョロなどを用意することもあるが、ほとんどキヂ主体で釣りをしている。

森の恵み、5月下旬の釣果

釣り始めてすぐに同行の滝澤さんが25㎝の良型をビクに収め、幸先よいスタートでご機嫌になっている。一方、私は釣果なら ぬ鳥果にビックリ！　なんと合わせ損ねて跳ね上がった仕掛けのハリに、上流から渓を滑空するように飛んできたヤマセミが釣れたというハプニング。信じられないほどの事態で、暴れる鳥を押さえてハリを外すと飛び去って行ったが、ヤマセミにとってはとんだ災難だったに違いない。

出会いを求めて滝から滝へ

乗鞍高原は落差の大きな山岳渓流だけに、淵が連続して好ポイントが続いているが、1つの淵で爆釣することがある一方で、ここには間違いなくいると確信するような好ポイントでも全くアタリすらないことがある。溶岩台地だけに伏流水も多く、淵の奥底から湧き出る水の水温差が影響しているのではないかと自分なりに判断している。

釣り始めて30分、私のビクは空っぽのまま魚止滝に着いた。

ずいぶん前になるが、前川本谷の最下流にあるゴサダロ（ゴサダロの「ダロ」はこの地方では滝を意味する。そのため「ゴサダロ滝」とはいわない）には苦い思い出がある。極太ミミズと5Bのオモリを付けた仕掛けを大きな滝壺の落ち込み裏側に送り込むと、同時にずっしり重く引き込まれた。思わず一気にサオを立てたのが間違いで、無情にも穂先が折れ、仕掛けごと滝壺の中に消えてしまった。感触からして、尺上どころか40㎝を超える大ものので、おそらくゴサダロの主だったに違いない。

前川本谷の滝をねらうたびに、いつかあの時のような大ものを……そんな思い出が脳裏を過るのだった。

約20分、同行の釣友3人で粘った魚止滝だったが、結局、誰一人としてアタリもない期待外れの結果に「ダメだあ！」とミソギ川に移動することにした。

ミソギ川は直に入渓するルートがなく、遡行にも体力が必要なことから釣り人には敬遠されがちだ。それだけに魚影は多く、前川本谷との出合からミソギ滝まで

前川本谷の魚止滝を釣る

のわずかの距離でポンポンと良型がビクに収まる。幸先よいスタートにほくそ笑んだ。

　ミソギ滝の上部はナメ滝となり、最後の15mほどの落ち込みも幅広で水量が分散するせいか、たいして大きな滝壺があるわけではない。それでも本谷から遡上してきたイワナが淵に溜まっていることが多く、大ものを期待して交代でサオをだすが、吹き下ろしで飛び散る滝の飛沫で長い時間立ち止まっていられない。

爽快なナメ状のミソギ滝を越える

釣果は鳥!?　合わせ損なった仕掛けが空を舞い、そのハリにヤマセミが掛かった。なんとか外してお帰りいただいた

「交代！　交代！」と入れ替わりながらサオをだすが、滝壺では泣き尺1尾がビクに収まっただけだった。

「ここにはいるんだが……今日はご機嫌が悪いのかな」と、ことごとく期待外れの滝壺ねらいにブツブツいいたくなるほどだった。

　上流へと移動することにしたが、ミソギ滝の高巻は体力がいる。滝に向かって右側の崖をよじ登り、滝の中間点に出たところでナメ滝を直登するというもので、要注意！　慎重にならざるを得ない。

　難儀して登った滝上は、流れの傾斜は少ないが大きな溶岩が作り出す大小の淵がたくさんあり、好ポイントが続いた。中型が多かったが釣果も期待どおり。

　入渓から6時間、帰路のことを考えるとそろそろかと、正午ちょうどに納竿した。

　乗鞍高原の釣りは、条件にも左右され釣果にムラはあるが、多くの残雪から流れ出る雪代が終わりに近い梅雨明けが好期かもしれない。

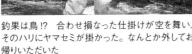

静岡県／大井川源流

約束された場所へ

写真・文　加藤俊寿

尺上は浮いているか

山岳渓流に涼しい風が吹き始めると、釣り人の手を逃れてきた狡猾《こうかつ》な尺上も、産卵行動を控え積極的にエサを捕るようになる。彼らが普段身を潜めるのは、外敵から身を守るのに都合がよく、捕食が容易なポイントだ。その多くは攻略するのが難しく、そんな場所にこそ「潜水艦サイズ」が潜んでいる。

日照時間が短くなり水温が下がり始めると、大ものは産卵のために遡上を始める。9月、私は天気予報とにらめっこをしながらその時を待つ。目的の渓には魚止の滝があり、遡上を阻まれた渓魚は滝壺に溜まる。彼らを手にするには絶好のポイントというわけだ。

いつもは渓に日が差し込む頃からのんびりと釣りを開始する私も、この時期だけは早朝からサオを振る。まとわりつくような生暖かい風が吹く夏の渓と違い、凛とした空気が流れる秋の渓はどことなく寂しさを感じさせるが、シーズンを総括するような魚に出会えるかもしれない、そんな期待に満ちあふれている。

しかし先を急ぎ、早い時間に滝壺でロッドを振ったとしても釣れないことは分かっている。大ものが浮く時間を見計らい、シーズンを振り返りながらゆっくりと釣り上がる。

魚たちはすでに遡上を始めているのか、浅いポイントや瀬の中から反応するのは木っ端サイズばかり。先に進みたい気持ちを抑えながら遡行を続ける。

大きな淵や長い深瀬からは、時折9寸クラスも顔を出す。普段の釣行であれば充分なサイズだが、今回のねらいは尺上だ。川は、魚のいる区間といない区間がはっきりしていた。これは移動している魚が多いことを示している。

滝壺が近づくほど期待も高くなる。尺上は浮いているだろうか？　もしかしたら、手にしたことのないサイズが釣れるかもしれない。頭の中は妄想でいっぱいとなり、期待ばかりが膨らんでいく。

渓に日が差し込むとコカゲロウがハッチを始め、魚たちは活発にエサを捕る。フライフィッシャーにとっては至福の時間だ。最盛期には陸生昆虫を模したフライで大らかに釣りを楽しむが、お盆休みを過ぎる頃には大きなフライへの反応が悪くなり、春先のようなシビアな釣りを強いられることもある。

ベストタイムに滝壺へ到着するように渓を釣り上がっていく

まだ産卵行動に入っていないのか、ペアリングしている魚を見ることもない。条件は揃った。あとは尺上が浮いていればいうことはないのだが……。

天国か地獄か!?

魚止の滝が近づくにつれて魚影が多くなってくる。大きな淵からは何尾もの魚が飛び出し、一段と期待が高まる。

滝壺に着く前にシステムを組み直す。浮いている大ものを見てからでは焦りが出て、つまらないミスをしてしまった経験があるからだ。通い慣れた渓だけに魚の付き場は分っているつもりだが、今までに思い出したくないつらい失敗を何度もしていた。

滝壺は両側を岩盤に囲まれて、水深は4m近くあるだろう。流心は左側の岩盤に沿って流れ、徐々に浅くなり滝壺の中心部から流れ出す。大ものが付くポイントは、流心の岩盤沿いのカケアガリと、右側の岩盤際を流れる反転流。さらに、見落としてしまいがちなヒラキの部分。よい時にはそれぞれのポイントに魚が付いており、この滝壺だけで何尾もの良型を手にしたこともある。しかし、その一方でヒラキにいた魚に気づかず追い込んだ結果、1尾も釣ることができずに長い帰り道を味わったこともある。

ヒラキの魚に気づかれないように、ゆっくりと慎重に滝壺に近づく。ヒラキ、流心、反転流。なめるようにポイントを見渡すと、岩盤際の流心に尺上を発見。水面直下に定位して流下するエサを夢中で食べて

秋の大ものには意外にも小さなフライパターンが効果的なことが多い

いる。この時点ではこちらに分があるが、流れ出しのヒラキにほかの魚がいるかもしれない。

　一気にあの尺上をねらってフライを投げるか？　保険の意味も含めてヒラキを流しておくか？　選んだのはヒラキを飛び越えて尺上をねらう戦法。チャンスは一度。キャストミスをした時点で、魚は深い滝壺の底に消えていくだろう。

　でっかいフライを流して豪快に釣りたいところだが、そこは我慢で小さめを選択する。フライにフロータントを施し、流心に定位している尺上にねらいを定めた。「手首を返すアワセをするな」。何度も自分に言い聞かせ、魚の動きを見定めてキャスト。フワフワと流れ始めたフライに尺上が近づき、スローモーションのようにフライをくわえた。

　食った！　頭の中は真っ白だが、「手首を返すな」この言葉だけは脳裏に残っていた。フッキングした魚は淵の底に向かって全力で泳ぎだす。切れるな、外れるな。掛けたはずの釣り人が及び腰になり、知らぬ間に立場が逆転している。何度も抵抗され、最後の抵抗をしのぎネットに収まった魚体は、滝壺の主に相応しい魚だった。

「釣れたら天国、見切られたら地獄」、そんな駆け引きがあるから渓流釣りは面白い。釣り人を虜にする魚止の碧《あお》い滝壺。それは夢と感動を、そして勝負に負けた時には、挫折感を与えてくれる。

天国行きなら写真のような尺上アマゴ、尺上イワナを手にできるが、
地獄へ落ちると……

福島県／只見川・三条ノ滝

ただ 一投のために

文 細山長司

—別冊つり人『渓流』'91 SPRINGより、本書のラストを飾るに相応しいこの記事を再収録させていただく。当時の細山長司さん41歳、若き日に挑んだ滝釣行。細山さんは後日もう一度三条ノ滝を釣り、63㎝のイワナを手にしたという。残念なことにその後は他の方の事故などもあったようだ。それほどまでに厳しい場所であることを、お断りしておく。

あそこは人間の行く所ではねえ

奥只見、雪深いこの地の春の訪れは遅く、5月になっても1mあまりの残雪が見られる。村人たちは小屋の周りの小さな畑に、冬の間に炊いた灰をまく。少しでも早く雪を溶かすために。灰をまかれた所はみるみる雪が消え、半年あまり光を浴びなかった地面が顔を出す。

春の光をいっぱいに浴びた大地からは、雪解けを待っていたかのように、フキノトウや、ミズバショウ、またリュウキンカなどが可憐な花を咲かせる。灰をまくと花が咲く。まさに現代版花咲かじいさんである。

こうして雪深い小沢平に春がくるのである。残雪の上の木々は眩いばかりの若葉をつけ、透き通るような淡い緑色に輝く。大地の白、山の緑、大空の青と、まさにこの時期ならではの素晴らしい光景である。

6月、この地に住む平野惣吉さんを釣りの途中に訪ねる。「今日は」、「おおよく来たな」と雪焼けした顔がほほえむ。「どうだ釣れたか」、「尺ぐらいのがいくつかでました」などと話しながら、今は少なくなったが大イワナの話をする。今、この周辺には大イワナはほとんどいないという。もしいるとすれば、三条ノ滝ツボしかないという。しかも3尺を超すイワナがいるといっていた。

その話を聞いたとき、私の心はざわめいた。それほどの大ものが潜む三条ノ滝のツボとはどんな滝ツボなのか、以前、何度となく三条ノ滝は見たことがあるが、その展望台からではとうてい滝ツボを見ることはできない。上から下までの半分くらいであろう。私の見た感じでは、幅25m、高さ100mくらいの直瀑で、おそらく日本一といってもいい過ぎではいであろう。

またある年、只見川本流を川通しで三条ノ滝手前200mくらいの地点まで行ったことがあるが、その場所でさえ、瀑風と霧がすごい場所であった。その滝ツボを釣ってみようなどとは考えもしなかったものだ。

平野惣吉さんはいう。「あそこは人間の行く場所ではない。あんなあぶねえ所はねえ」と。行くなといわれれば行ってみたくなる。

夢にまで見た三条ノ滝ツボに仲間2人と私の3人で、平成2年8月18日にアタックすることになった。メンバーは高橋清澄45歳、村野晴男43歳、細山長司41歳。多摩川山女魚道高齢者軍団だ。

シルバーラインを通り、小沢平にある尾瀬口山荘に深夜2時に到着。そのまま1時間ほどの仮眠をとり、尾瀬への登山口のススキの原を、懐中電灯を頼りに歩き始める。高橋、村野の2人は、まだ見ぬ三条ノ滝に胸をふくらませて歩いているに違いない。

ススキの原を抜け、広沢、高石沢を渡り、右側を流れる本流を懐中電灯で照らし出す。水が思ったよりも多く、しかも濁りが入っていた。2人は心配そうに「釣りになるかな」と私に話しかける。私もあまりひどい水の濁りを見てどうしようかと迷ったが、惣吉さんがいっていたことを思い出した。「今年の春、山ぬけした所があるらしく、少しの雨でもすぐに濁り水が出る」。おそらくそのためであろう。とりあえず危険がないと判断。三条ノ滝をめざすことにした。

真っ暗なブナの林の中を3人の足音だけが、リズミカルに響いていた。歩き始めて1時間半、ようやくしらじらと明けてきた。

山の中はとても涼しい、といいたいところだが、3人とも、汗でびしょびしょであった。あたりがよく見えるようになると山の小鳥たちの声がにぎやかになり、私たちの歩くピッチもしだいにあがる。

シボ沢温泉を過ぎ、松蔵沢出合付近に到着。ここで初めての休憩をとることにした。体から湧き上がる湯気を見て、「茹でダコみたいだなあ」と村野がひやかす。そういう村野も機関車なみの水蒸気がもうもうと立ちこめていた。とりあえずジュースで、オーバーヒートぎみの体を冷やしながら朝食をすませる。

このあたりまでは、はっきりしている踏み分け道があるが、これから先は川通しか高巻の連続になる。今までのように楽に歩けるところはひとつもなく、険しいゴルジュ帯になり、三条ノ滝までおよそ2・5㎞にわたり続いている、などと2人に説明をする。

右岸上部に、よろい岩と呼ばれる岩盤が見られる。まさに戦国時代のよろいのように見える。

只見川本流は尾瀬地区で集められた水が、ひとつになり、湿原の中をうねるように流れ、三条ノ滝で一気に突き落とされる。はるか昔からの流れに山は削られ、谷も切れ込み、大石がゴロゴロと散らばっている。

また大木が流され、所々で流木のダムとなっていた。大きな淵をのぞくと時おり尺くらいのイワナが姿を見せるが、3人ともサオをだそうともしない。

また、落ち込みなどでは増水のせいか、イワナのジャンプが見られた。

「村野、あそこではねたぞ」と高橋。「あれはでかかったなあ」などと、しきりにあ

耳をつんざく轟音とともに、頭上を圧して三条ノ滝が現われた

おっているようすであるが、三条ノ滝ツボが頭の中にあるのか、黙々と歩いている。

夏とはいえ胸までの徒渉は体にこたえる。いくたび高巻をしいられたことか。またきびしいヘツリ。指一本で体を支えるようなヘツリもたびたびある。

不思議なもので、この緊張感がなんともいえない快感になる。

「また厳しいところがあるぞ」とニコニコしながら村野がいう。これは完全に自然を楽しんでいる。「今日は沢上り教室です」などと、余裕さえ感じられる。そして、大自然の中にどっぷりつかっているようだ。

時計をみると12時。意外と進めないものである。５００ｍ進むのに30分から40分かかっているかもしれない。

ここで昼食をとり、右岸から湧き出る水を飲む。ここで飲む水は、日本名水百選のどの水を飲むよりもうまく感じられる。そして、これからの予定を決める。三条ノ滝まであと７００ｍの地点であった。

「もうここまでくれば慌てることはないので、少し釣りでもしながらいきましょう」と私。村野が8寸のイワナを釣りあげる。その上の荒瀬で高橋も8寸を釣る。それで満足したらしく、ザックにサオをしまいこんだ。「よし行くぞ」と高橋。そして村野が続く。またいきなり高巻だ。

ようやく通称魚止滝と呼ばれる二段になった滝に着く。三条ノ滝まではもう３００ｍくらいである。

ここから本格的な釣りが始まった。村野が釣っているサオの下で尺ものがジャンプし、その上の石畳にのってしまった。尺イワナはぐねぐねと体を曲げ、ふたたび川の中にドボンと音を立てて落ちていった。よくみると、あっちでもこっちでもはねている。雪だるまのような形をした滝を登ろうと、必死でジャンプしているのだった。8月18日である。もう産卵の準備に入っているのだろう。

村野にアタリ。すばやく合わせると9寸くらいのイワナがとびだしてきた。写真を撮る間もなくリリース。私もその上の落ち口にある滝ツボで9寸を釣りあげる。その魚を滝の上に放してやる。

その通称魚止滝を右岸から巻いて川原に降りると、川が大きく左にカーブする。いつのまにか頭の上のほうからゴーゴーという音が聞こえてきた。

壮絶な釣り

「何だこの音は！」と高橋。「これが滝の音」と村野。「やっと着きました」と私。ここを曲がると目の前に目差す三条ノ滝が見えるはずだ。3人で走るように川原を曲がる。

「オー！ ワー！ すげえ」と3人ともそれぞれの、感動とおどろきの声をあげる。

それは、まさに天から水の束が流れ出ているかのような、壮絶な風景が3人の目の前いっぱいに広がり、大自然の偉大さを一気に思い知らされたような気がした。時計をみると午後の2時であった。滝まで約150mの地点である。

いよいよ滝ツボにアタック。高橋がカメラマンをかって出てくれ、カメラをリュックに入れ、台風のように荒れ狂う80度近い草付きの急斜面を、黙々と登り始める。私と村野の2人は右岸の高巻で滝ツボまで行けるかもしれないと思い挑戦するが、途中の大きく割れたクレバスに行く手を阻まれ、逆戻りすることになった。

「これじゃあ行けないなあ」と村野。「どこか行けるところがあるはずだ」と私。しばらくルートを捜すが、思うような場所がなく、右岸のルートをあきらめ左岸のルートを捜す。しかし、本流を渡らなくてはならない。やっとの思いで左岸に渡った。滝に近づくにつれ、水しぶきと風で、目も開けていられないほどであった。

前方に小高い草付きの丘が見える。「あの小高いところを越えれば行けるかもしれないなあ」と私。水しぶきがぶち当たっている草付きを、20mあまり登り、ようやく丘の上に出た。

「やった！ これなら行けるぞ」と2人で声を出した。ここから岩場が緩やかに滝ツボまで続いている。ここまで苦労してきた甲斐があった。ノリのような水アカが積もって滑りやすい斜面を慎重に下ると、三条ノ滝の真下に出た。

そこは、人間が近づくのを拒むかのように荒れ狂っていた。

「これじゃあ釣りにならないなあ」

2人とも同じ思いだ。しかし、互いに励まし合いなんとかサオを伸ばした。何を話すにも怒鳴るような大声を出さなければ、聞きとることもできないほどであった。

そのころ高橋は断崖を70m近く登った地点で、いつでもシャッターを押せる体勢をとっていた。さすがである。「よしオレたちも頑張らなくては」と私。

見上げると、遥か上から怒涛《どとう》のごとく落ちてくる水。そして、容赦なく私たちに吹き付けてくる風としぶき。また耳をつんざく音に恐怖感さえ覚える。

三条ノ滝の全容。落差は 90m といわれる。巨大な釜でサオをだす２人の姿が分かるだろうか

それでも負けてなるかと８ｍザオに仕掛けを付ける。大ものねらいなので、１・５号通しの仕掛けに伊勢尼の９号を付け、キヂを房掛けに５匹、オモリはアユの１・５号を３個。

「よし」とばかりに気合を入れ第一投、滝ツボのほぼ真ん中にエサが落ちる。すると、１・５号のオモリを３個付けてある仕掛けが、簡単に風で流されてしまう。そこでもう２つ付け足し、計５個のオモリを付け振り直す。今度はうまくいった。

滝に落ちた水がひとつにまとまり次の落ち込みへ流れる筋を探るが、サオが横になると、風が強くサオを持っているのもままならない。時おり強烈な風が吹きつけ、私自身の体が動かされてしまい苦戦する。近くで釣っていた村野もキヂを入れておいた箱を風で飛ばされ、私のところへキヂを取りにくる。

「すごいところだね」と大声で叫ぶ村野。「まいったね」と私。目印を見ようとすると、目に飛び込んでくる飛沫が邪魔だ。

滝ツボは深さ６ｍくら

い、直径が約50mで、目で見たより流れはないようだった。なんとかサオをだしながら30分。びしょびしょになって釣る私に、待望のアタリがきた。私は仕掛けを送り込み、しばらくそのままにし、10秒くらいたってからサオを軽くあおってみた。

「よし！　きてる」。サオ先を見ると大きく上下に動いている。ここで合わせた。「よし掛かった」と思わず声が出てしまった。私に掛かったイワナは滝ツボ深く潜り込もうと、グイグイと滝の落ちている白泡の中に突っ込む。サオが弓なりになる、なかなかの手応えであった。ようやく力つきたイワナは49㎝のメスであった。

しかし、これは三条ノ滝の主ではないであろう。もっと大ものがいるに違いない、などと思っていると、60㎝級のイワナが、登れるはずのない滝をジャンプして登ろうとしている。

近くで釣っていた村野も尺イワナをキープ。写真を撮っていた高橋も、撮り終えたらしく下り始めている。「これでやめます？」と私が村野に聞く。「本当に大満足だよ」と笑顔が返ってきた。「それでは、戻りましょうか」と2人で滝ツボから離れる。後ろを振り向くと、イワナの目のように丸い虹が、白く落ちる水にくっきりと映し出されていた。なんともいいようのない不気味な虹であった。

3人そろって高橋が登った崖を100mあまり登り、三条ノ滝の展望台に無事到着。あらためて3人で健闘をたたえあう。本当に素晴らしい仲間である。この素晴らしい友情と釣りが、いつまでも続いてほしいと思った。

悪戦苦闘の連続がまるで嘘のように、真っすぐにのびた木道の上を3人の足音がコツコツと響く。

ようやくスタート地点の尾瀬口山荘に到着。そこから今日の宿、桧枝岐村七入にある留三郎小屋に着き、3人そろって入浴する。だれもが、大仕事をやり遂げた後のような満足感を味わいながら疲れ切った体を労わり合った。

※

三条ノ滝、それは猛々しく、また人をも寄せつけない、堂々たる姿で頑としていた。大地を揺さぶる轟音とともに、瀑風のごとく叩きつける水。日本最大の魚止滝といってもよいであろう。

青く深い滝ツボの主に会えるまで、また挑戦したいものである。

8mの本流ザオを弓なりにさせたイワナ

執筆者プロフィール

大沢健治

1972年生まれ。埼玉県在住。大学時代に渓流釣りにのめりこむ。釣り好きがこうじて(株)上州屋に入社。現在は上州屋川越店店長を務める。テンカラ用品、渓流用品にも力を入れているので気軽に足を運んでいただきたい。全日本暇人協会会員。

岡部勝明

1956年生まれ。岩手県在住。10代の頃からイワナ釣りにのめり込む。近場の奥羽山系や朝日連峰の渓に大ものを追う。源流釣り集団「夢源」代表。

小澤　哲

1947年生まれ。長野県在住。日本渓流釣連盟常任理事、長野県内水面魚場管理委員会委員、長野県釣りインストラクター連絡機構会長、渓流釣りクラブ「信州川蝉会」会長。ブログ「哲おじさんの釣り日記」を連載中。

奥本昌夫

1969年生まれ。北海道在住。1996年より北海道と海外を行き来しながら、マス釣り関連の執筆・撮影を始める。著書に『北海道の鱒釣り』、DVD『イトウ戦記』（いずれもつり人社）などがある。

風間俊春

1978年生まれ。埼玉県在住。秩父エリアの渓流をホームグラウンドにルアーでヤマメやイワナを追う。アワセの動きを最小限に、魚に違和感とダメージを極力与えない独特な釣り方を探究する。フックはバーブレスのシングルを常用。

反町工健

1965年生まれ。群馬県在住。本流域を得意とするが、盛夏は山岳渓流でルアーのほか、テンカラ三昧。渓流シーズン以外ではエギングやロックフィッシュなど、海のルアーフィッシングにもハマっている。「多摩川山女魚道」群馬支部所属。

高桑信一

1949年生まれ。埼玉県在住。フリーライターで取材カメラマン、山岳・渓流ガイド。ろうまん山房代表。『山小屋からの贈りもの』『希望の里暮らし』（つり人社）、『山の仕事、山の暮らし』（つり人社、ヤマケイ文庫）等著書多数。

千島克也

1974年生まれ。埼玉県在住。渓流から本流まで幅広く釣りをする。できるだけ天然に近い、美しい魚を釣りたい。「荒川銀影会」会長。

戸門　剛

1984年生まれ。埼玉県在住。渓流魚は、同じ魚種でも水系や渓で斑紋や色味などに差が見られたり、かつての職漁師にまつわる放流の由来なども興味深い。そういうことも含めて、いろいろな川で多くの“価値ある魚”を釣ってみたい。

曳地弘成

1973生まれ。福島県在住。WILD-1郡山店勤務。高校生の頃からフライフィッシングを始める。福島、山形を中心に、東北の各フィールドを精力的に釣り歩いている。

細山長司

1949年生まれ。東京都在住。10代後半から全国の渓流を釣り歩き始める。1984年に「多摩川山女魚道」を結成。本流大ヤマメ、サクラマス、海外ではスティールヘッドなどを釣り歩き、本流超大もの釣りのスタイルを確立した第一人者。

本宮和彦

1967年生まれ。栃木県在住。“ハードな遡行後の焚火に癒されています。”「宇都宮渓遊会」所属（HP管理担当）。

加藤俊寿

1966年生まれ。静岡県在住。かめや釣具掛川店店長。「渓流釣りは“釣れた1尾”よりも“釣った1尾”を大切にしたい」をモットーに釣行を重ねる。

増田千裕

1962年生まれ。神奈川県在住。1980年頃よりフライフィッシングを本格的に始める。1985年からは南米パタゴニアを繰り返し訪れ、現在に至るまで国内、海外でもライズを追う旅を続けている。

丸山　剛

1962年生まれ、神奈川県厚木市在住。写真家。源流と海（ボート）の両方で活躍中。『ひょいっと源流釣り』『日本尺名渓』『ボート釣りがある日突然上手くなる』（つり人社）等の著作がある。山岳雑誌等にも記事を執筆中。

吉田　孝

1960年生まれ。「吉田毛鉤会」代表。全釣り協・公認釣りインストラクター。TOKYOトラウトカントリー・テンカラインストラクター。自身のテンカラ教室は今年1月で70回を迎えた。

●初出
「滝壺は底を釣れ。大オモリ食わせ釣法（P88 〜 92）」（戸門　剛）／
月刊『つり人』2015 年 10 月号「エゴの岩魚を直撃　大オモリ食わせ釣法」
「福島県只見川・三条ノ滝　ただ　一投のために（P137 〜 142）」（細山長司）／
別冊『渓流’91 SPRING』「ただ　一投のために」

滝《たき》を釣《つ》れ

2016 年 7 月 1 日 初版発行

編　者　つり人社書籍編集部
発行者　山根和明
発行所　株式会社つり人社

〒101-8408　東京都千代田区神田神保町1-30-13
TEL 03-3294-0781（営業部）
TEL 03-3294-0766（編集部）
印刷・製本　大日本印刷株式会社

乱丁、落丁などありましたらお取り替えいたします。

ISBN978-4-86447-091-9　C2075
つり人社ホームページ　http://tsuribito.co.jp/